情暈鏡

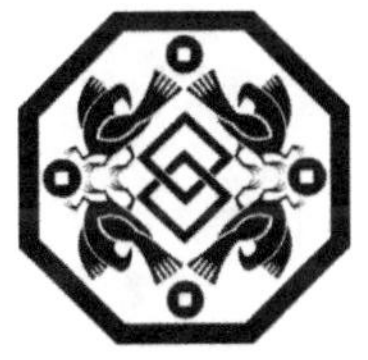

HEW LAM PRINT. HOUSE

曉嵐齋印刷廠

CJL

癸卯年丁巳月丙寅日

First Edition Published May 8 2023

Hew Lam Print House

3101 Ocean Park Blvd, Ste 100

Santa Monica, CA, 90405, USA

+1 (646) 777-3037

HEW LAM STUDIO

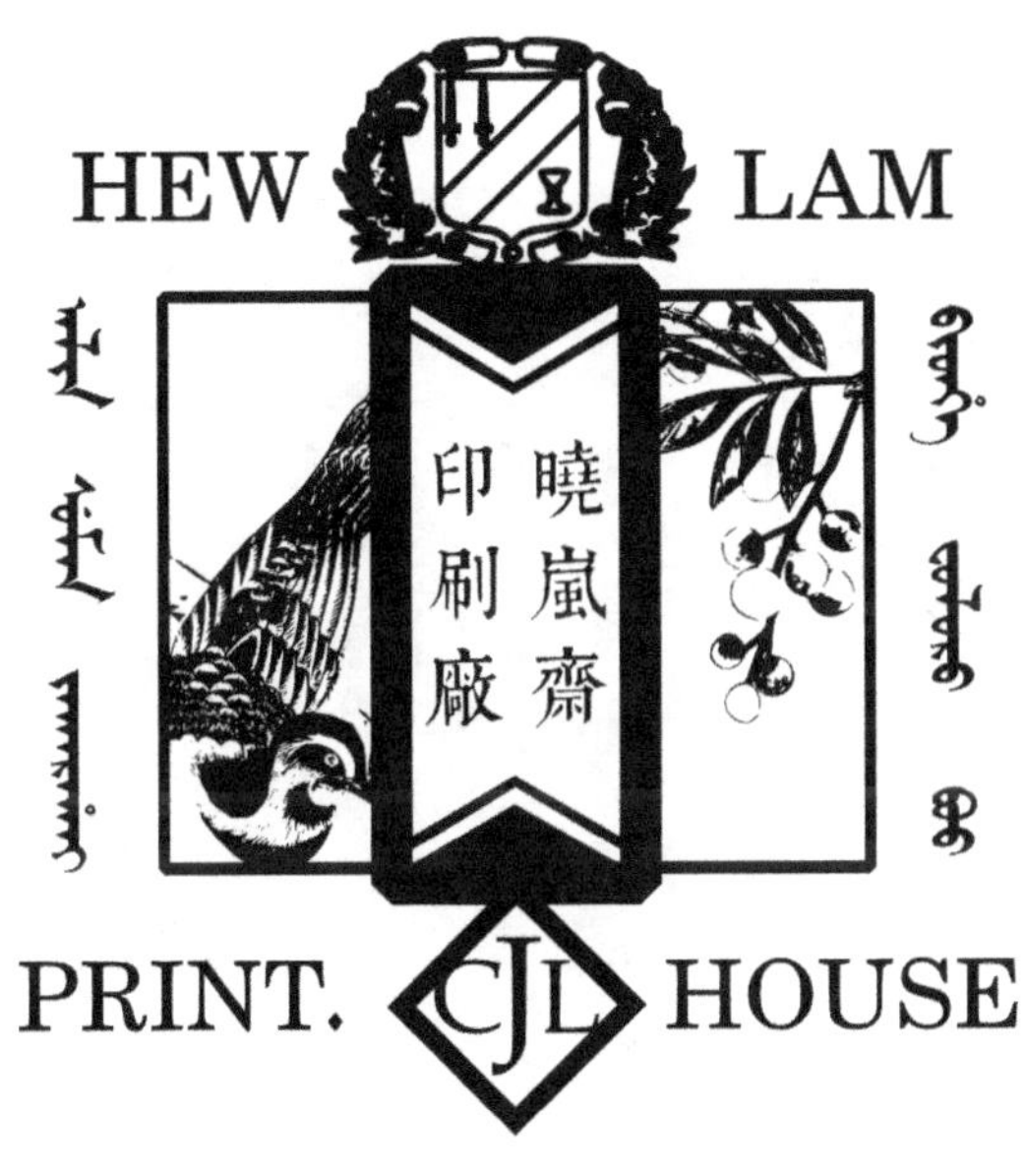

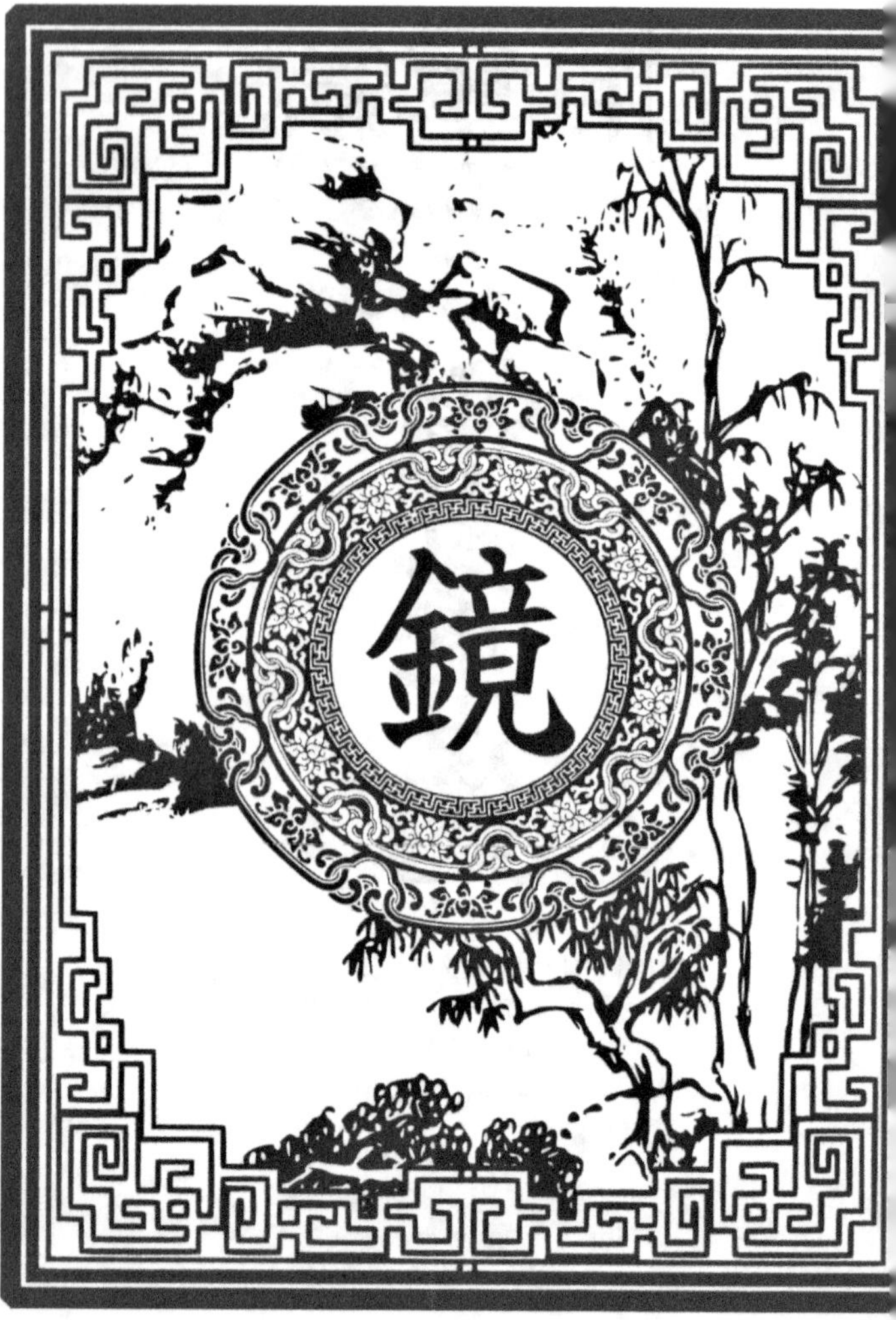
鏡

情暈鏡《じょうにぼかすかがみ》

漢詩書道文庫

日本語版

シリーズ【誠の詩集】の一冊目

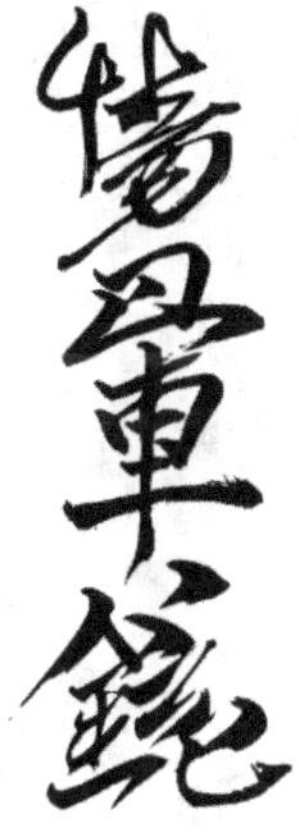

詩作家、日本語と漢文翻訳家、書道家、

デザイナー、タイプセッター：小松原浩治

日本語編集者：

山本《ヤマモト》・博子《ヒロコ》（お茶の水女子大学）、

益田《マシタ》・ジョエル（UCLA）

前置き作成者：謝《シャ》・以匡《イキョウ》

貳　參　肆　伍　陸　捌　捌　玖　拾
あかつきらん勉強屋の発行
著作権𥘉5年

Publisher's Cataloging-in-Publication data

Names: Komatsubara, Kouji, author.
Title: Mirror heart : Chinese poetry and calligraphy collection / Jouni bokasu kagami : kanshi shodou bunko / Kouji Komatsubara.
Series: A Sincere Collection of Poetry
Description: Japanese Edition | Santa Monica, CA: Hew Lam Print House, 2023.
Identifiers: ISBN: 979-8-9881185-2-7 (paperback)
Subjects: LCSH American poetry--Chinese American authors. | American poetry--21st century. | Chinese language materials. | Japanese language materials. | BISAC POETRY / American / Asian American & Pacific Islander | POETRY / Asian / Chinese | POETRY / Subjects & Themes / Death, Grief, Loss | POETRY / Subjects & Themes / Inspirational & Religious | ART / Asian / General
Classification: LCC PS3561 .O63 M57 2023 | DDC 811/.54--dc23

Thema（シーマ）詩／各詩人による詩｜詩／アメリカ合衆国／アジア系アメリカ人／太平洋諸島系アメリカ人に関連する｜詩／中国｜詩／日本｜詩／物語のテーマ／物語のテーマ：死、悲しみ、喪失｜詩／宗教&信仰｜芸術／美術史／アジア

Hew Lam Print House

Poetry, Chinese & Japanese Translation, Calligraphy, Design, Typesetting:

Kouji Komatsubara (Cyrus Lai)

Japanese Editing:

Hiroko Yamamoto | Joel Mashita

Foreword: Christian Tse, DPT

ISBN-13: 979-8-9881185-2-7

献詞

愛と関心のおかげだから

両親、家族、友人、特に神に捧ぐ

【目次】

【目次】

【前置き】

辰

私自身は詩人になったことがありませんが、言葉の並び方の美しさはいつも私を魅了してきました。詩と歌が韻とリズムを奏でる方法は私を魅了し、私の心を揺さぶります。繊細さは失われず、すべての音と感覚を取り入れることができます。小松原さんが彼の作品のプレビューをくれたとき、私は芸術の愛好家として、野生の乗り物のために身を固める時が来たことを知っていました。私は小松原さんを彼の形成期と若い頃から知っています。多くの人が彼の大学時代や大学院時代の作品を知っているかもしれませんが、私は過去の彼の大人げない思いにふけっています。小松原さんの心は、思春期に成長したとき、決して単数の話題にとどまることはありませんでした。彼にとって規範や慣習は、彼自身の興味や異なる表現の間を行き来するときの障壁にすぎないように見えました。私はいつも、彼の深い奇想天外さ

と思索がどの媒体で明らかになるか疑問に思っていました。そして、火から生まれ変わった鳳凰のように、芸術を通しての表現が彼を新しい段階に導きました。今日、私たちのほとんどが彼を知っている新しいフロンティアです。小松原さんは多文化芸術のアイデアに常に興味を持っていました。彼の鋭い目と美しさに対する鑑賞力は、実用性や伝統ではなく、言語や距離を超えた表現に基づくライフスタイルを採用するようになりました。これは彼の服装、興味、そしてもちろん彼の職人技に見ることができます。彼の最初の作品がその反響であることは間違いありません。世界中の目のために作られた多言語作品です。言語は思考を言葉にする媒体にすぎないので、理論的には全ての言語を使って同じことを表現することができます。小松原さんはこの仮定を紙に書き留めました。3つの言語がありますが、翻訳では何も失われていません。『情暈鏡』は驚くべき贈り物であり、目の保養になっています。私は、各詩の表面的な単純さの下に豊かで深い意味があるように、ページごとに住んでいること

に気付きます。単純なページフリップが私を別の世界に移動させるので、私は代理の旅に出ています。これは確かに私が置きたくない本ですが、瞑想的な状態で読むのが一番良いと思います。若いか古いか、遠くにあるか、近くにあるか、私はこの本が語られる時までにそれをすべて経験しました。『情暈鏡』は知恵と内省的な才能に満ちていて、誰にでも少しはあります。

世界が小松原さんの最新作に手を差し伸べることに興奮しています。この時点で彼は比較的知られていないかもしれませんが、この本を読む特権を享受している人は後悔しないでしょう。彼の言葉が私の心のようにあなたの心を温かくしてくれることを心から願っています。

謝《シャ》・以匡《イキョウ》

【著者注釈】

漢詩の七言絶句形式は、中世中国まで遡る長い歴史を持っています。詩は、各行の仄声と平声パターンで韻を踏んでいます。仄声調は、短い促音の「ッ」の音と似た効果があり、詩の音景は自然に山や谷となります。日本語では、時に音読みで「ク」で終わる「国」のような語に中世中国語の発音と似たような発音の斜め音調の痕跡があることがあります。筆者の母語である広東語では、これらの斜め音調の語尾を保持しているため、筆者はこの形式で韻を踏む詩を作りました。各詩に含まれるQRコードを参照して、日本語と広東語で朗読された音声を聞くこ

とができます。七言絶句形式の各行にはセットの意味的リズムがあり、1、2、4行目は4音節と1＋2音節の音律です。3行目は3行目は4音節、そして2音節＋1音節を持ちます。詩と詩のつながりは、読者の皆様に見ていただくことにします。詩はコミュニケーションです。そのため、各詩について感じたことを書き込むために、感想を書くページを作りました。日本の詩には、読者が作者の詩に応答して詠み合う「連句・連歌」の伝統があります。各ページの投稿用QRコードを通じて、読者の皆様の応答歌を読むことができることを嬉しく思います。

広東語の発音ガイドスキーマ「粤切字」（ユッチッジ）については、【漢韻付録】に読み方の概要があります。簡単に言えば、それは音節の初声と韻尾の音価

のためにそれぞれ1つの中国語の文字を割り当てる反切のシステムです。このように2つの漢字を合わせて読むと、広東語の完全な発音になります。現代日本語は新字体で表記、古文・中国語は旧字体および歴史的仮名遣いで表記しています。

お気づきの点がありましたら、
ご指摘頂けますと幸いです。
詩をこよなく愛する、小松原浩治

完全な録音と翻訳：

【序文】

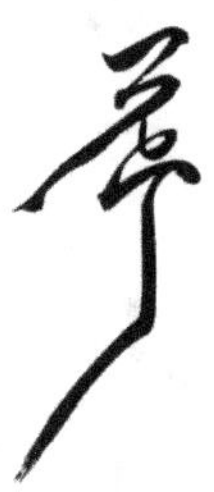

読み出し

原文訓読

生涯《シヤウガイ》ノ中《ナカ》ハ、情《ジヤウ》一愫《ソ》ナリ二如《ゴト》キレ雲《クモ》ノ一。白雪《ハクセツ》ヤ秋葉《シウエフ》ニテ與否、悲惻《ヒシキ》ヤ榮華《エイクワ》相配色《アヒハイシヨク》シタリ。作《サク》セイシツ下廿一絶句《ニジフイチゼツク》ハ者、落葉《オチバ》所《トコロ》レ窺《ウカガ》フ、霞《カス》ムレ光《ヒカリ》ノ萬《バン》道《ダウ》ヲ、心《ココロ》提《サガ》スニ以《モ》テレ目《メ》一也《ニ》上。留《トヾ》マルノレ筆《フデ》之《ノ》深《フカ》キ墨《スミ》ノ內《ウチ》ニテ、爲《タ》メレ啓《ケイ》一示《ジ》ノ之愁《ウレ》カル思《オモ》フナレバ。祈《イノ》リ一請《ウ》カラバレ看《カン》一官《クワン》ヨ、思《シ》一忖《ハカ》ラズカレ拙《ツタナ》キ一集《シフ》ヲ。此《コ》ノ書《シヨ》ノ而已《ノミ》ニテ、鄙人《トヒト》ガ不宣《フセン》。

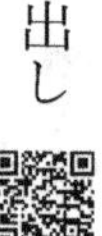

生涯中　情愫如雲
白雲秋葉與丞戀　惆榮華相配色
作廿一絕句　著落葉所繫
霞光萬道　心提以目也
留筆之深墨內為啟示之愁思
祈請看官此書而已斷人不宣

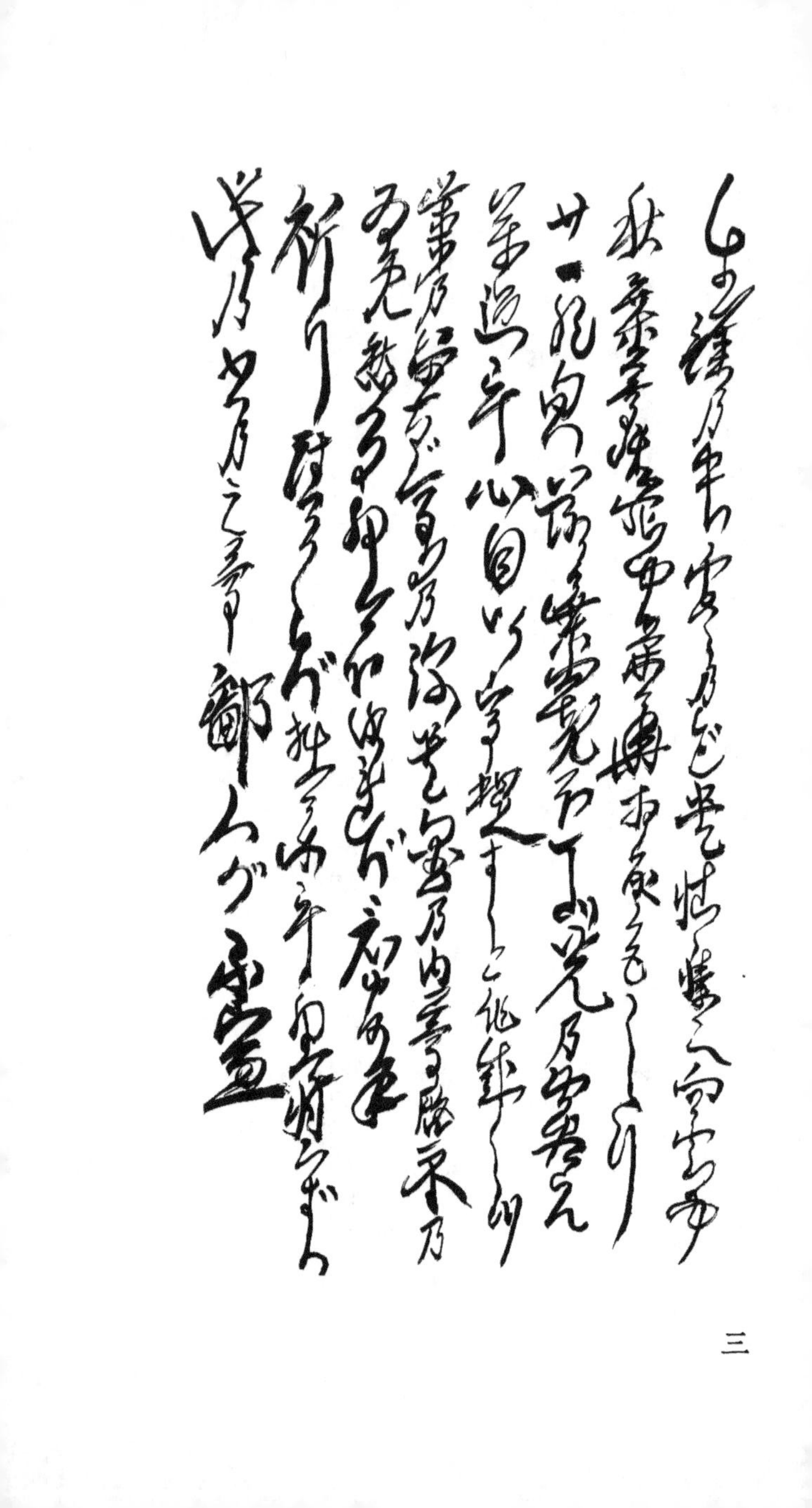

[illegible]

古文訳

生涯《しやうがい》の中《なか》は、雲《くも》の如《ごと》き情愫《じやうそ》なり。白雪《はくせつ》や秋葉《しうえふ》にて、悲惻《ひしき》や榮華相配《えいくわあひはい》したり。廿一絶句《にじふいちぜつく》は、落葉《おちば》窺《うかが》ふ所《ところ》、光《ひかり》の霞《かす》む萬道《ばんだう》を、心目《こころめ》以《も》て提《さが》すに作成《さくせい》しつ。筆《ふで》の留《とゞ》まるの深《ふか》き墨《すみ》の內《うち》にて、啓示《けいじ》の爲《た》め愁《うれ》かる思《おも》ふなれば。看官《かんくわん》よ、祈《いの》り請《う》からば、拙《つたな》き集《しふ》を思付《しはか》らずか。此《こ》の書《しよ》のみにて、鄙人《とひと》が不宣《ふせん》。

現代文訳

人生の中では、雪景色でも、紅葉でも、
悲しみと美しさは混在しています。
これらの絶句漢詩には、
落ち葉の間から射し込む陽光の眞髄が描かれています。
筆跡のすすけた黒い墨に染み込んでいるのは、
啓示への深い憧れです。読者から読者へ、詩について考えてみましょう。

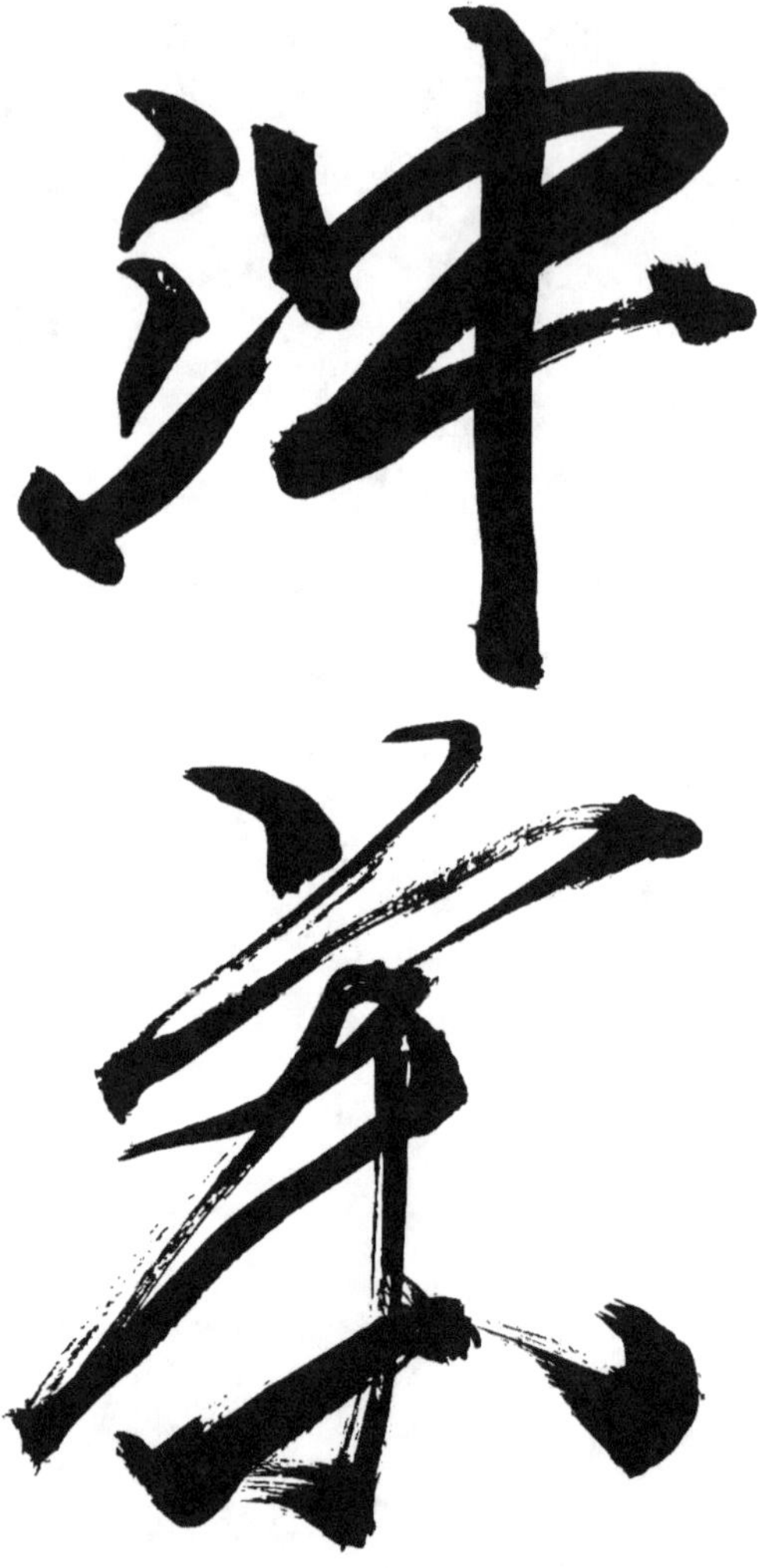

一首【沖蘭】

原文訓読

速《ハヤ》ク一係《ツナ》ガラムレ風《フウ》一塵《デン》ニ力《リキ》ミ一望《ノゾ》ムハレ山《ヤマ》ヲ、
葱蘢《ソウロウ》ガ切《キ》レリレ旭《アサヒ》ヲ想《オモ》フレ香《カウ》一蘭《ラン》ヲ、
沖《チユウ》一沖〱レ頂《イタダキ》ニ上《ア》ガリタリ離《ハナ》レ一離《バナ》レナリレ涙《ナミ》ハ、
亮《アキ》ラカナリニ一觀《イツクワン》ノ華《ハナ》ヤカニ一對《ム》キアフ曼《ヒ》ク一檀《ダン》ニ。

速緣風塵力登山
慈蘢切旭趣香蘭
沖沖頂上齡齦痕
亮一觀華對曼檀

起自ら經天

凡學者ニ書道久く修めらる事數年

力を盡し年月を忘れ寢食を忘る事九年

或ハ坐リ食ニ寢乍年寐られ

頃ニ得て虚ヲ以テ取リ名經半合之

一 親の筆中ニ山ニ見ユルニ

曼ニ經ニ以手習ニ天下ニ知

古文訳

沖蘭《ちゅうらん》

風塵《ふうぢん》に速《はや》く係《つな》がらむ山《やま》を力《りき》み望《のぞ》むは、
　葱蘢《そうろう》が旭《あさひ》を切《き》れり、香蘭《かうらん》を想《おも》ふ、
　　頂《いただき》に沖々《ちゅうく》上《あ》がりたり、涙《なみ》は離《はな》れ離《ばな》れなり、
一觀《いっくわん》の華《はな》やかに亮《あき》らかなり、曼《ひ》く檀《だん》に對《む》き合《あ》ふ。

現代文訳

【風に揺れる蘭の花】

突風に吹かれ舞い上がるちりに視界を阻まれるも、山を仰ぎ見る。
青々緑豊かなものが日の出に映える。芳香は蘭を想わせる。
天まで押し寄せ砕ける波は、遠くなり密になる。
青々とした山の頂から光が差す。伸びた影の白檀の木に向かう。

広東語発音

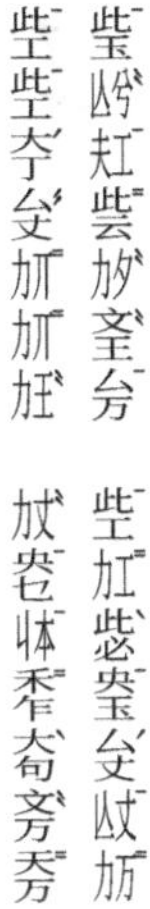

鑑賞の応答ページ

朗読された詩を聴き、QRコードで反省文を提出してください。

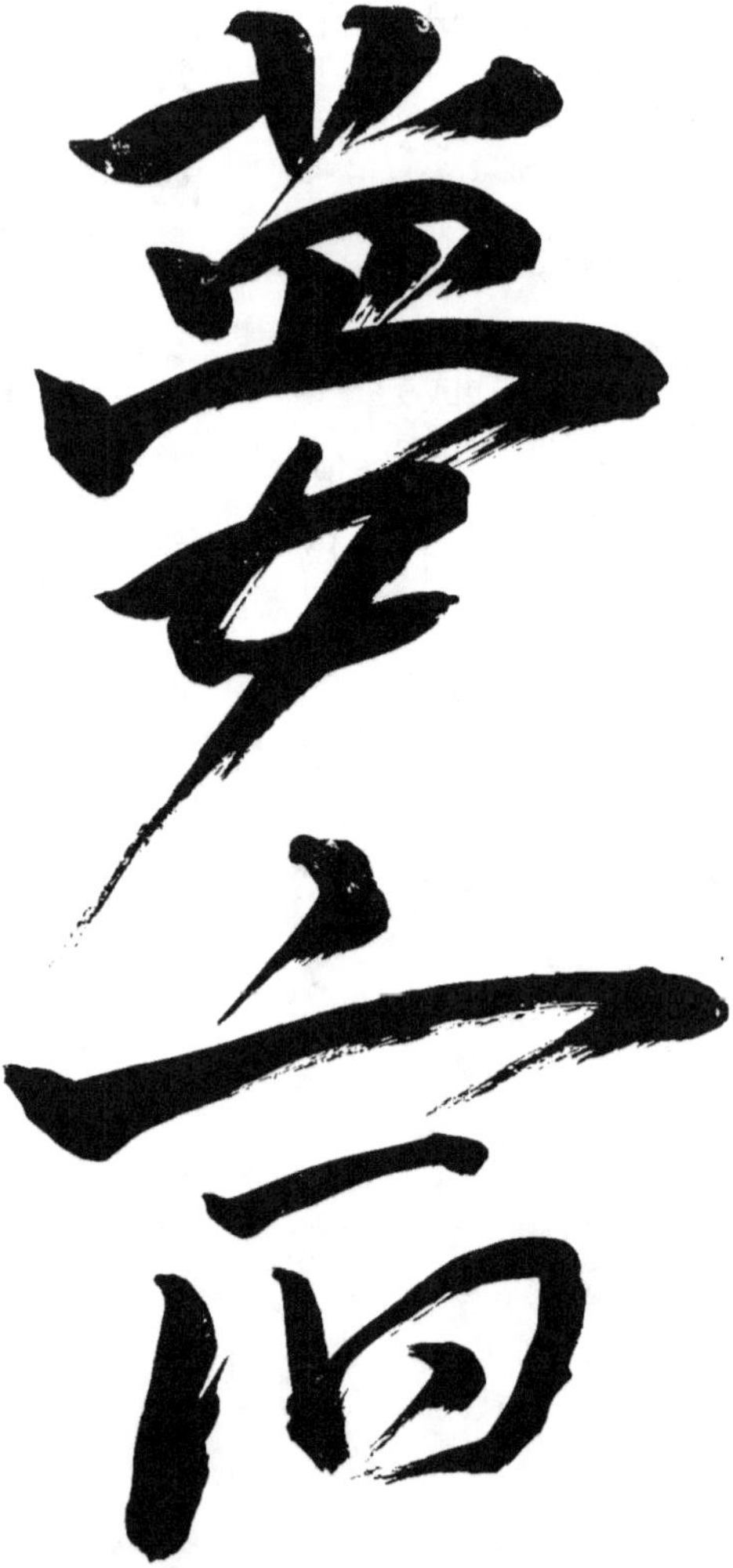
夢音

二首【夢宿】

原文訓読

千《セン》-甜《ウマ》キモノハレ五《ゴ》-味《ミ》ノ爲《ナ》リレ常《トコ》ツ-喜《ヨロコ》ビ、

萬《バン》-夢《ユメ》ハレ不《フ》-成《セイ》ノ宿《ヤド》リタリレ永《エイ》-眠《ミン》ニ、

日日《ニチく》于《ココ》ニレ天《ソラ》モ心《ココロ》ノ想《オモ》ヒ發《アバ》キツ、

椿《チユン》ハ高《タカ》メル下 下土《カド》ノ滿《ミ》チルニ二 甘蓮《カンハチス》ニテ一上。

千甜五味爲常喜
萬夢不成富永眠
日日于天心想發
椿高下土滿甘蓮

中国の伊賀

不昧君子鈍生類ハ出るの君ならん

不昧の茶道具人々賤しむ

以って茶を一中に心の為に

然るハ八十余の如茶道三年論語

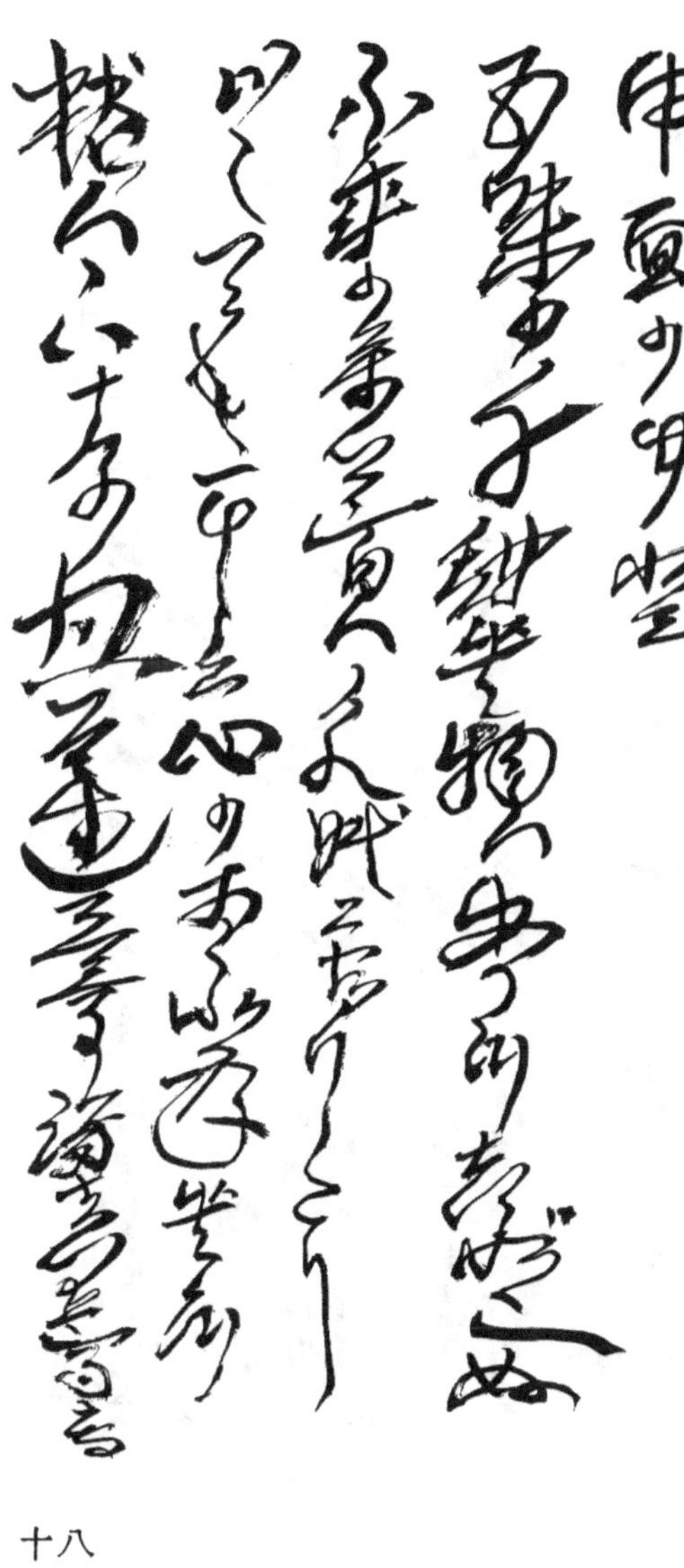

古文訳

夢《ゆめ》の宿《やど》

五味《ごみ》の千甜《せんうま》き物《もの》は、常《とこ》つ喜《よろこ》び爲《な》りぬ、

不成《ふせい》の萬夢《ばんゆめ》は、永眠《えいみん》に宿《やど》りたり、

日々《にちにち》天《そら》も于《ここ》に、心《こころ》の想《おも》ひ發《あば》きつ、

椿《ちゆん》は下土《かど》の甘蓮《かんはちす》にて滿《み》ちるに髙《たか》める。

現代文訳

【夢の豪邸】

千もの種類の美味な香りは、長く続く喜びを生む。
無数の夢は実現せず、永遠の眠りの中に留まる。
日に日に空には過ぎ行く想いが浮かび上がる。
香椿は謙虚な土一面に咲き誇る甘い蓮の花に敬意を表する。

広東語発音

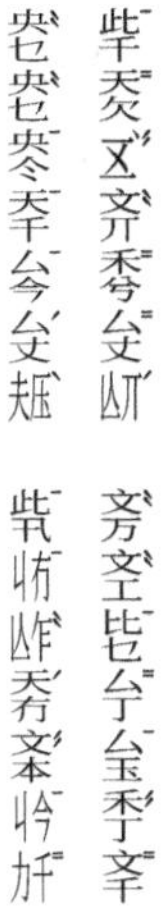

鑑賞の応答ページ

朗読された詩を聴き、QRコードで反省文を提出してください。

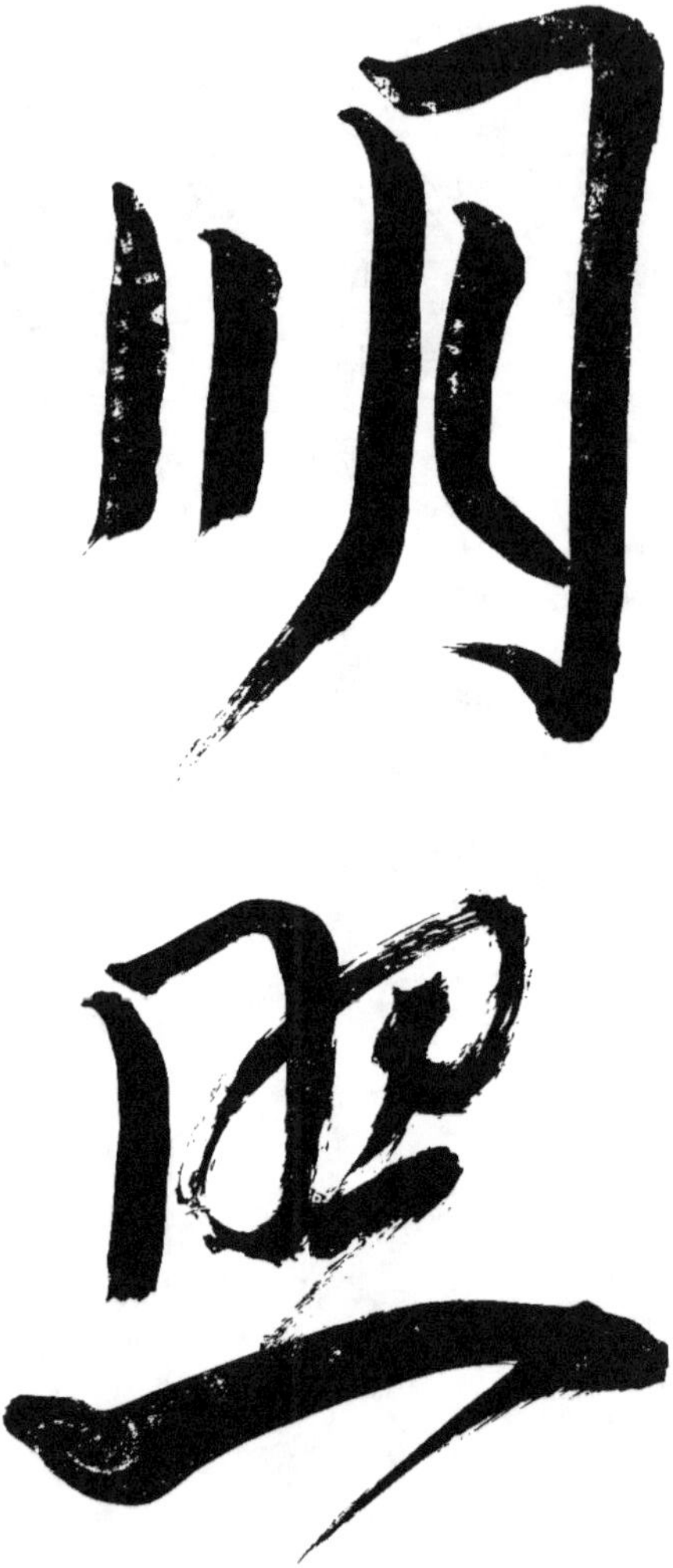

三首【明照】

原文訓読

刺《サ》サリタリレ鏡《カガミ》ヲ開《ヒラ》クニテレ容《カタチ》ヲ拒《コバ》ム-翳《カゲ》レレ欲《ヨク》ヲ、
波《ハ》ナラ二揚《アゲ》ル赤《アカ》キ錦《ニシキ》ヲ一等《トウ》ナラレ雙《フタ》-簪《カンザシ》ヲ、
洋《ヤウ》-洋〱タル二照《テ》リタリレ一細《コマ》カキコトヲ平生《ヘイゼイ》ハ易《イ》ナラ、
烈骨《レッコツ》ガ明《ア》カセレ霓《ニジ》ヲ視《ナゾ》ラフレ玉《ギョッ》-嵌《カン》ニ。

剃鏡開容挺霸欲
波揚赤錦蒔變簪
洋洋照細乎生易
烈骨明寬視玉嵌

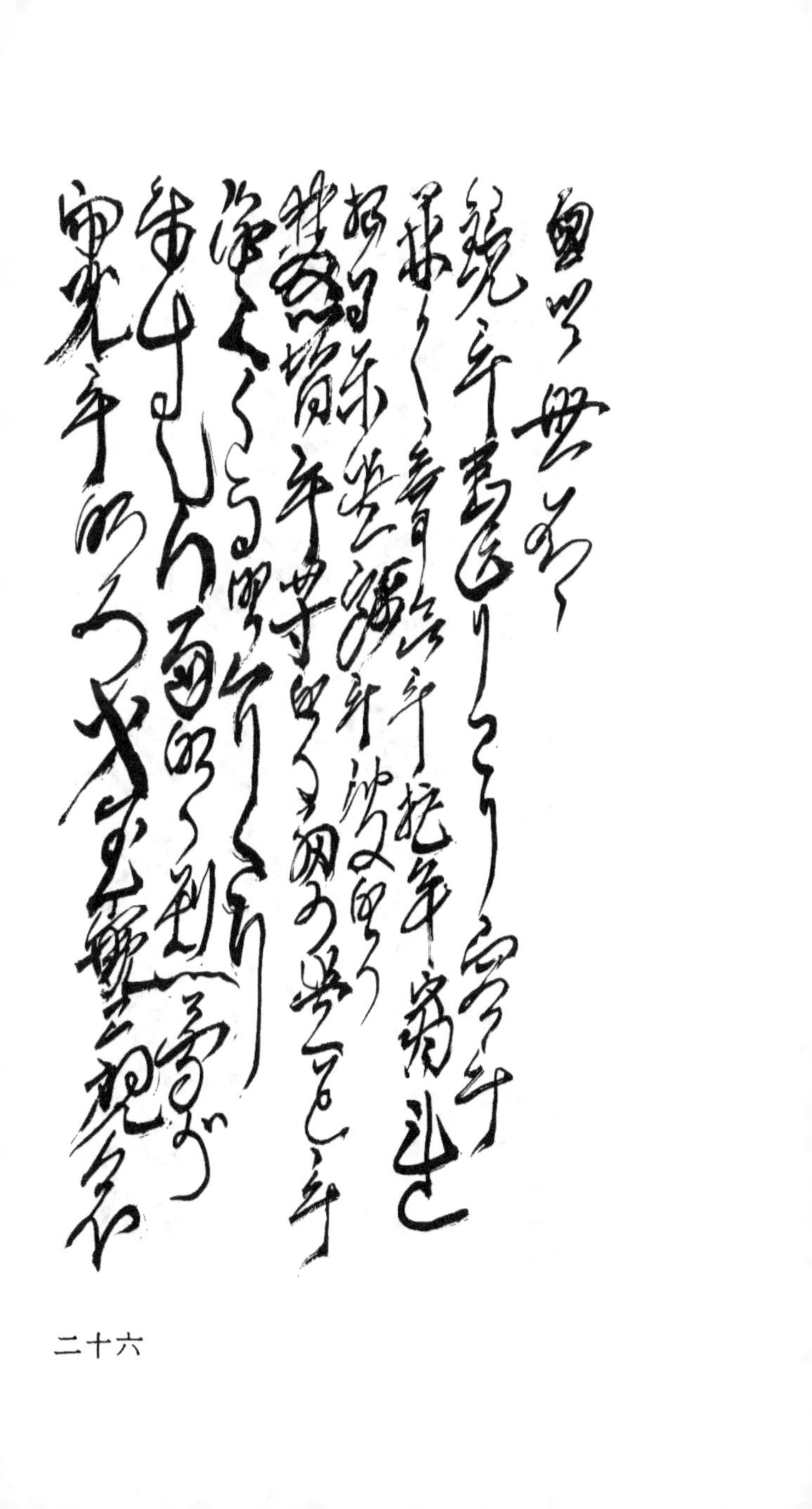

古文訳

明照《めいせう》

鏡《かがみ》を刺《さ》さりたり、容《かたち》を開《ひら》くにて、欲《よく》を拒《こば》む翳《かげ》れ、

揚《あげ》る赤《あか》き錦《にしき》を波《は》なら、雙簪《ふたかんざし》を等《とう》なら、

細《こま》かき事《こと》を洋々《やうく》たる照《て》りたり、平生《へいぜい》は易《い》なら、

烈骨《れつこつ》が霓《にじ》を明《あ》かせ、玉嵌《ぎよつかん》に視《なぞ》らふ。

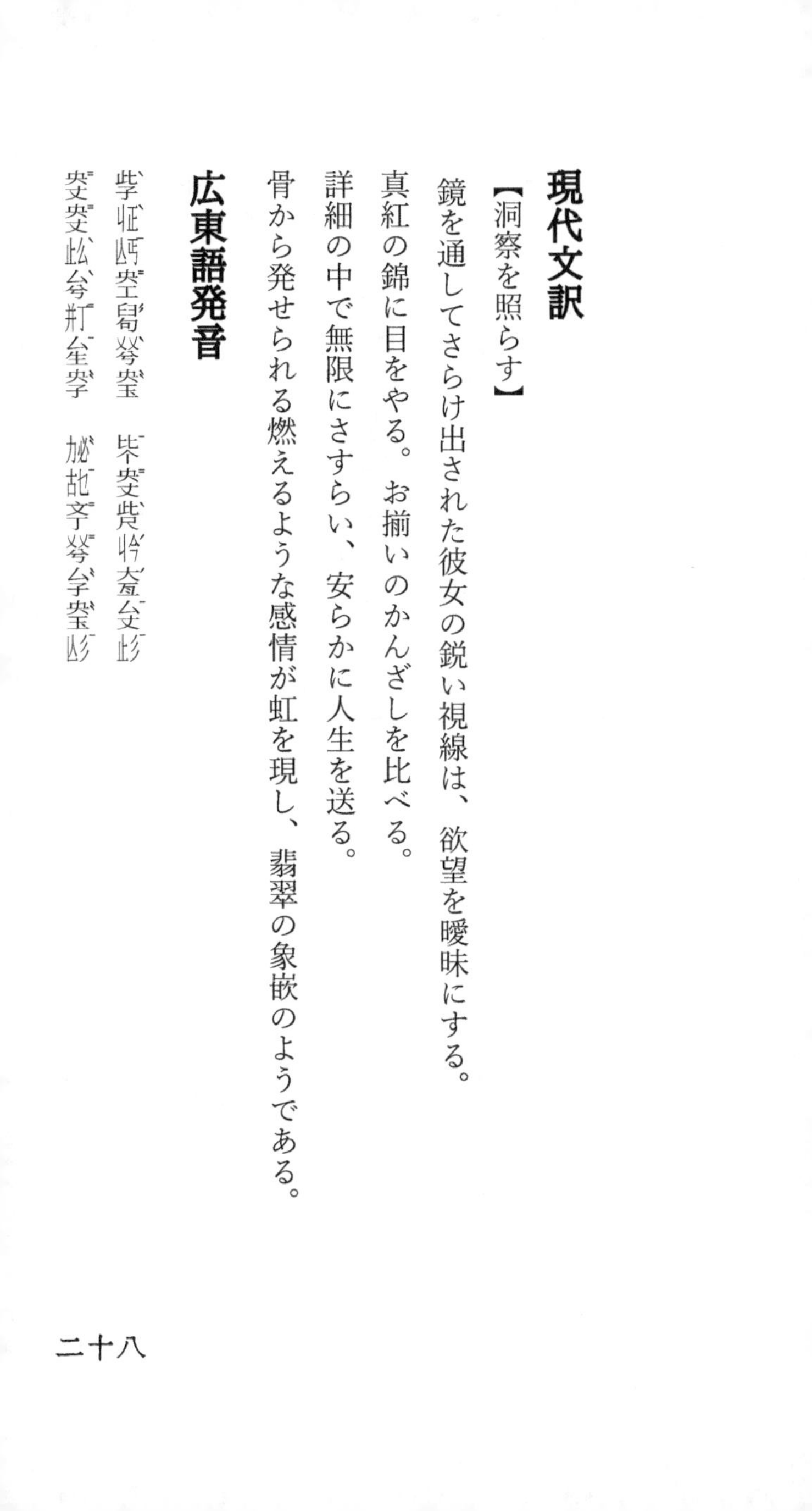

現代文訳

【洞察を照らす】

鏡を通してさらけ出された彼女の鋭い視線は、欲望を曖昧にする。

真紅の錦に目をやる。お揃いのかんざしを比べる。

詳細の中で無限にさすらい、安らかに人生を送る。

骨から発せられる燃えるような感情が虹を現し、翡翠の象嵌のようである。

広東語発音

鑑賞の応答ページ

朗読された詩を聴き、QRコードで反省文を提出してください。

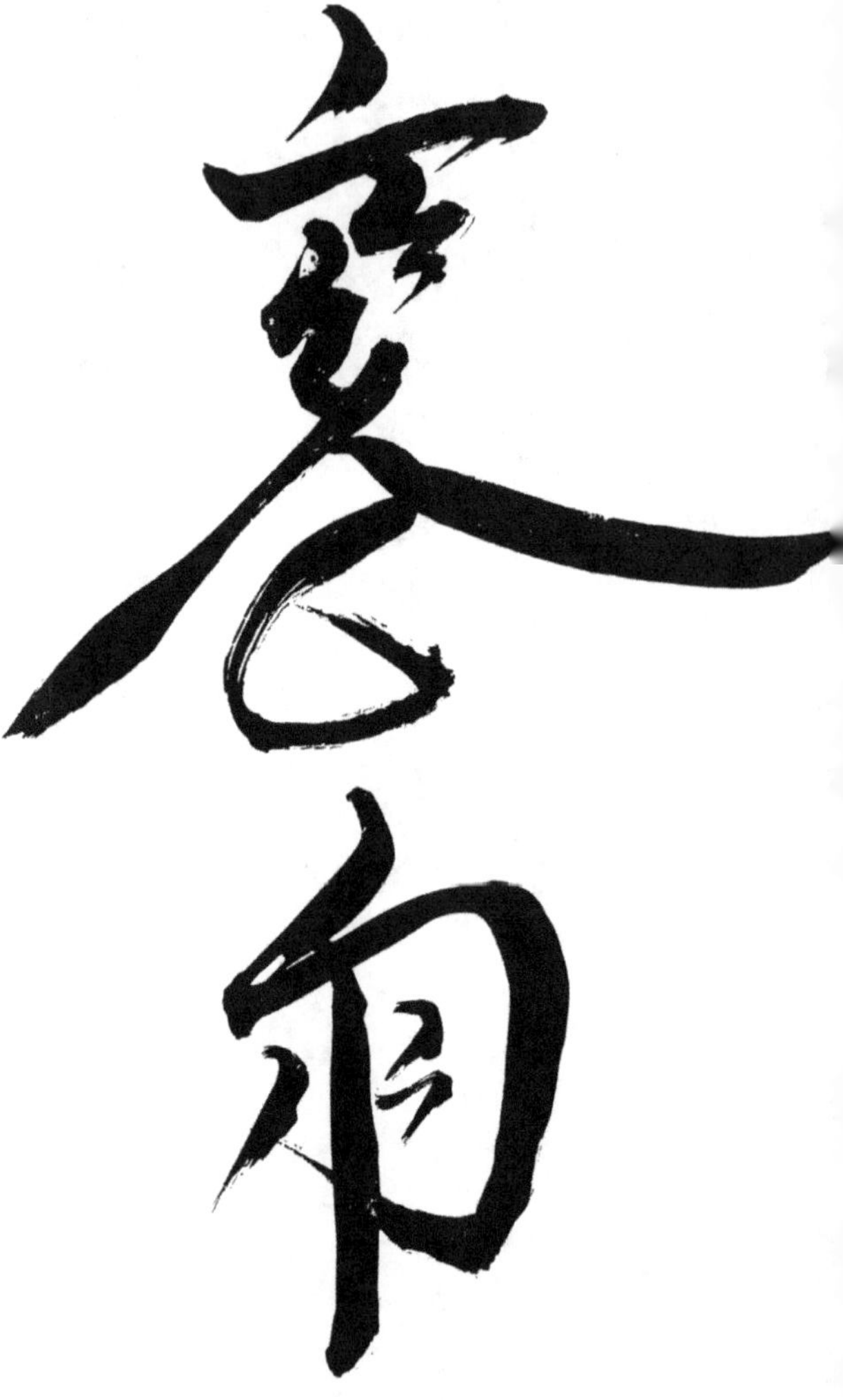

四首【春雨】

原文訓読

疏《トホル》觀《クワン》ハ缺《カ》ケドレ緩《ユル》ヤカナルノ化《カ》ヘレレ青《セイ》-春《シュン》ヲ、

暖《アタタ》カキ雨《アメ》ハ萌《メグ》ミレ苗《ナヘ》歩《アユ》ムレ兩《モロ》-輪《リン》ヲ、

落《ラク》-落《く》ナレ二雲林《ウンリン》ヲ一吟《ギン》-詠《エイ》シカリレ句《ク》ヲ、

飛《ヒ》言《ゲン》ハ像《ザウ》ナリレ靈《タマ》ノ急《キフ》ナル行湍《ギヤウタン》ニ。

踪觀缺緩化青春
暖雨萌苗步雨輪
落落雲狀吟詠句
飛言豫靈急行端

然以無所見
蹉過和尚人發出國人可若能子要也安得
執以上坐錯了工無安身之處
幾於人乎老之
更好平生然之何必得年月終
見人無可及者為所端

古文訳

春雨《はるさめ》

疏《とほ》る觀《くわん》は緩《ゆる》やかなるの缺《か》けど、靑春《せいしゆん》を化《か》へれ、
暖《あたた》かき雨《あめ》は苗萌《なへめぐ》み、兩輪《もろりん》を步《あゆ》み、
雲林《うんりん》を落々《らくく》なれ、句《く》を吟詠《ぎんえい》しかり、

飛言《ひげん》は靈《たま》の像《ざう》なり、急《きふ》なる行湍《ぎやうたん》に。

現代文訳

【春の雨】

鋭い洞察は軽快さを欠くが、青春の視点を変えた。

心地よい暖かい雨は苗を芽吹かせる。ぐるぐると二回歩き回った。

霧がかかった森は視界から遠ざかり、リズムにのって一節を詠う、

飛び交う言葉は精霊に似ている。儚い激流のように。

広東語発音

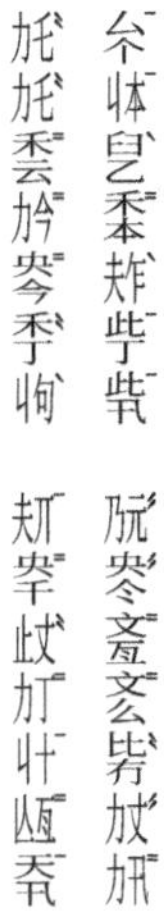

鑑賞の応答ページ

朗読された詩を聴き、QRコードで反省文を提出してください。

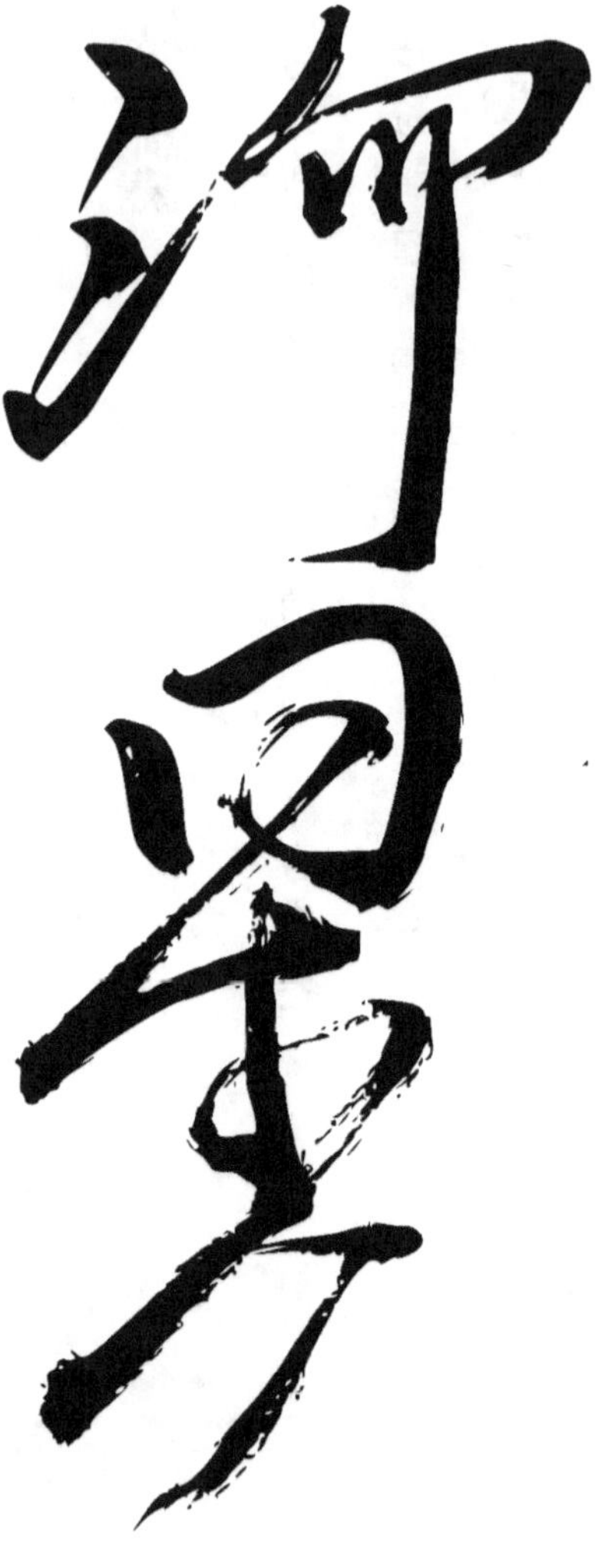

五首【河星】

原文訓読

徙《ウツ》リ｜倚《ヨ》ルニ二含《フク》ミタリレ一情《ジヤウ》ヲ居《ヰ》タリレ五《ゴ》｜更《カウ》ニ、

埋《ウ》ミタリ三名《メイ》ヲ二暗《クラ》キ閣《カク》ニ向《ム》キアフノ下星《ホシ》ノ河《カワ》上一、

時時《トキぐ》憶《オモ》ヒツレ舊《キウ》ヲ長天《チヤウテン》ガ應《コタ》ヘリ、

燭《トモシビ》ハ耀《カガヤ》カスニ窮《キワ》ム｜人《ヒト》ヲ下望《ノゾ》ミ中愈《マサ》ル初《ハジ》メニ上一。

縱停含情居五更
埋名暗闕向星河
時時憶舊長天處
燭燃窮人望愈初

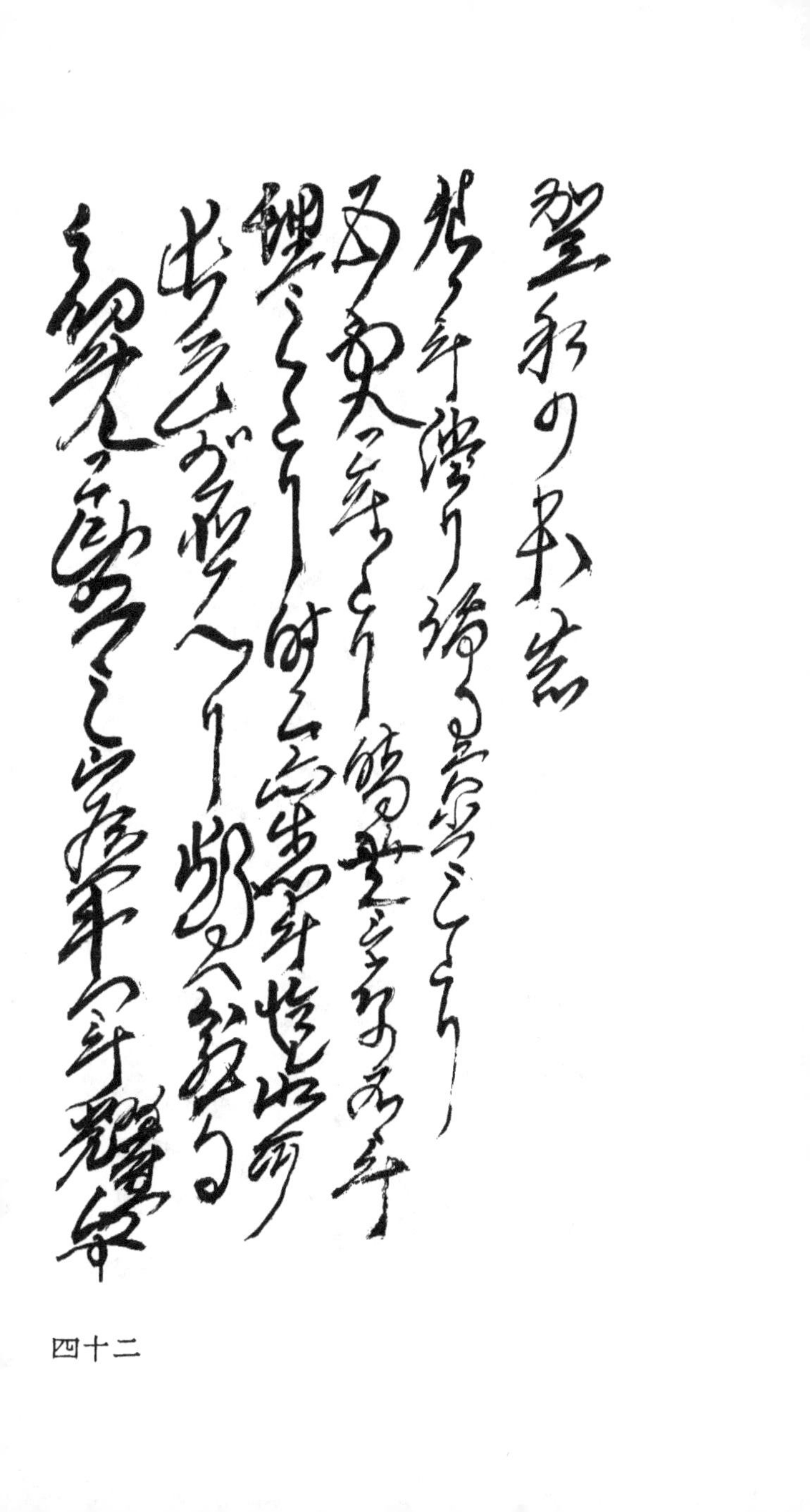

聖和の本宮

[illegible]

[illegible]

[illegible]

[illegible]

[illegible]

[illegible]

古文訳

河《かわ》の星《ほし》

情《じやう》を徙《うつ》り倚《よ》るに含《ふく》みたり、五更《ごかう》に居《ゐ》たり、
暗《くら》き閣《かく》に、星《ほし》の河《かわ》向《む》き合《あ》ふの、名《めい》を埋《う》みたり、
時々《とき〴〵》舊《きう》を憶《おも》ひつ、長天《ちやうてん》が應《こた》へり、
燭《ともしび》は愈《まさ》る初《はじ》めに望《のぞ》み窮《きわ》む人《ひと》を耀《かがや》かす。

現代文訳

【河の星】

思い患いを飲み込んで、暁にまどろむ。
影の深い東屋に名を埋めて、星の降る川のほうへ。
時折追憶すると、大きな空が答えてくれる。
ろうそくはより良いものの始まりを願い、失意の人々を眩しく照らす。

広東語発音

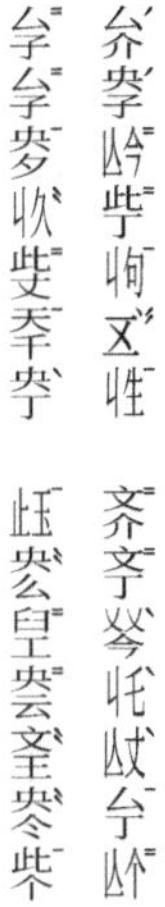

鑑賞の応答ページ

朗読された詩を聴き、QRコードで反省文を提出してください。

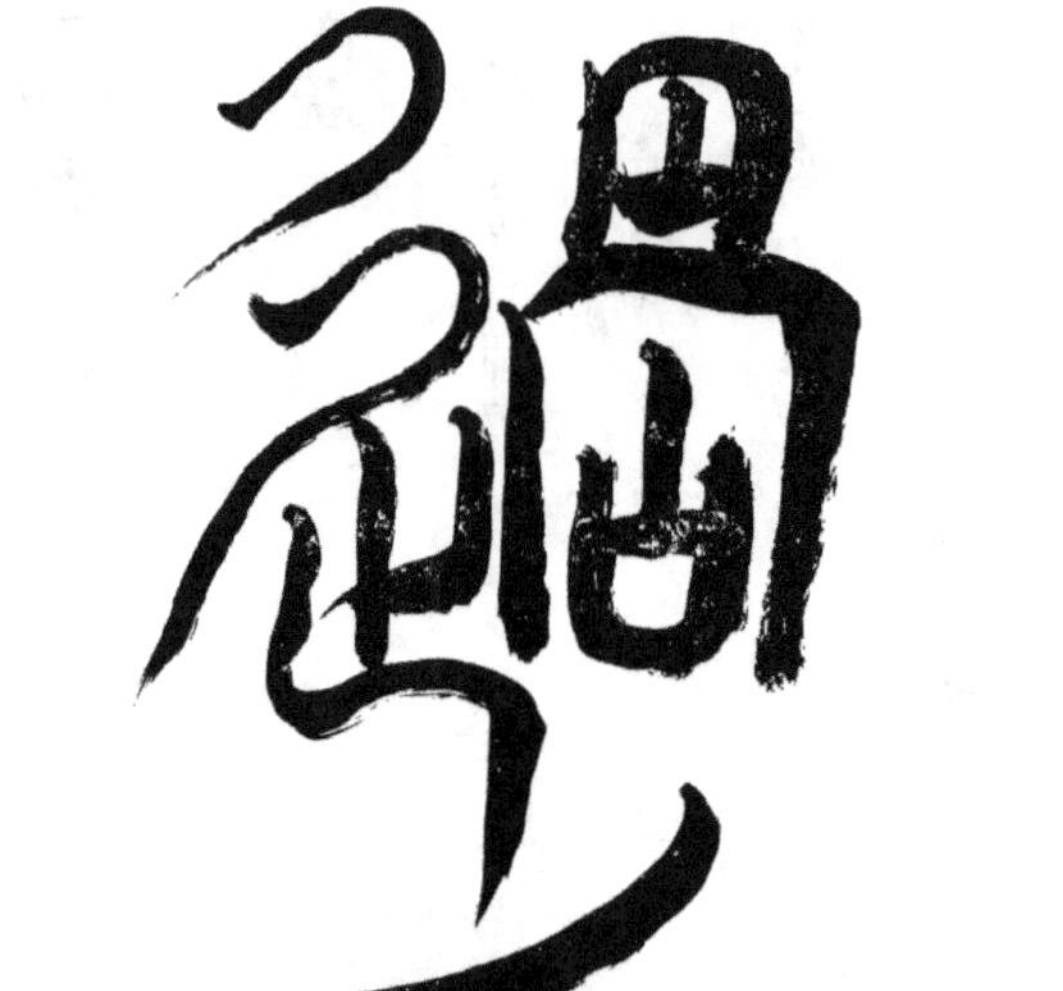

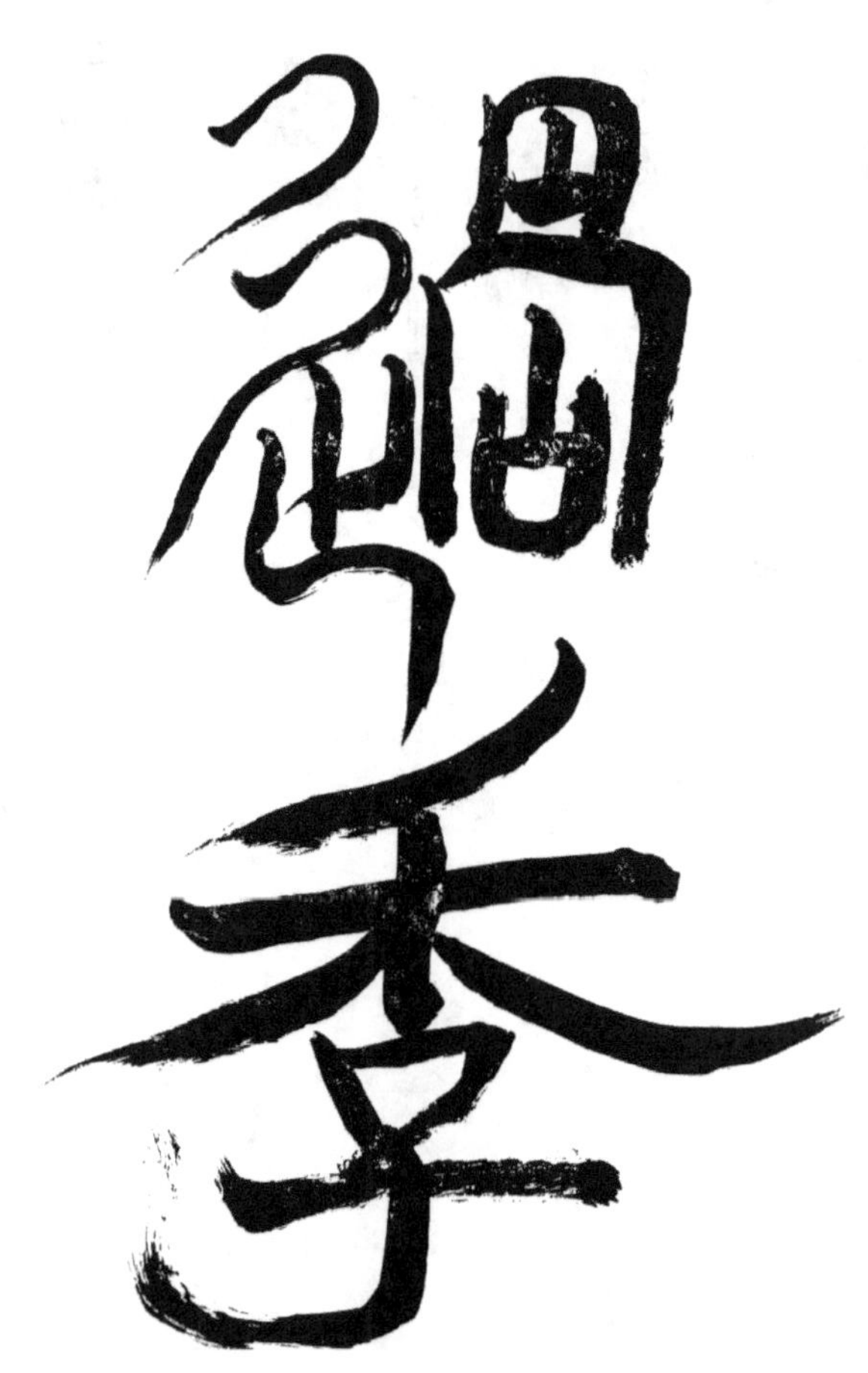

六首【過季】

原文訓読

中《ナカ》ニレ流《リウ》ノ有《ア》リ三鯽《フナ》ガ二隨《シタガ》フ下雄鳳《ヲンホウ》ニテ上一、

過《ス》ギニテレ季《キ》ヲ強《ツヨ》キ游《オヨ》グ舞《マ》フレ百《ヒヤツ》一歌《カ》ヲ、

滾滾《コン〳〵》邊《アタ》リニ旋《メグ》リハ河岸《カワギシ》ガ歎《ナゲ》ク、

驕奢《ケウシヤ》ハ合《ア》フレ一葬《ホウム》リ三在《イマ》スニ鷹《タカ》ノ窩《ムロ》ニ一。

中流有鯽隨雛鳳
過季鴛游舞百歌
滾滾邊旋河岸歎
驕奢合葬在鷹窩

残暑の候

酷暑中に蒸暑風もなく凌ぎ難く覚え候へども
秋の気にも近づき候へば暑さも漸く和らぎ候
機嫌よく過し候由何よりの事に候
講義も終り候へば寄合ます節は宜しく

古文訳

過《くわ》の季《き》

流《りう》の中《なか》に雄鳳《をんほう》にて 隨《したが》ふ鯽《ふな》が有《あ》り、

季《き》を過《す》ぎにて強《つよ》き游《およ》ぐ、百歌《ひやつか》を舞《ま》ふ、

滾々《こんぐ》邊《あた》りに旋《めぐ》りは、河岸《かわぎし》が歎《なげ》く、

驕奢《けうしや》は鷹《たか》の窩《むろ》に在《いま》す 葬《ほうむ》り合《あ》ふ。

現代文訳

【季節の移り変わり】

流れの真ん中に勇ましい鳳凰の後を追う黄金の鯉がいる。
季節を越え、力強く泳ぐ、百曲のダンス。
ぐるぐる回りに回る。川岸がため息をつく。
鷹の巣に一緒に埋められ、誇りと富は失われた。

広東語発音

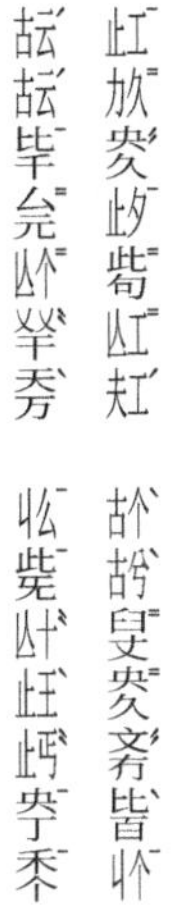

鑑賞の応答ページ

朗読された詩を聴き、QRコードで反省文を提出してください。

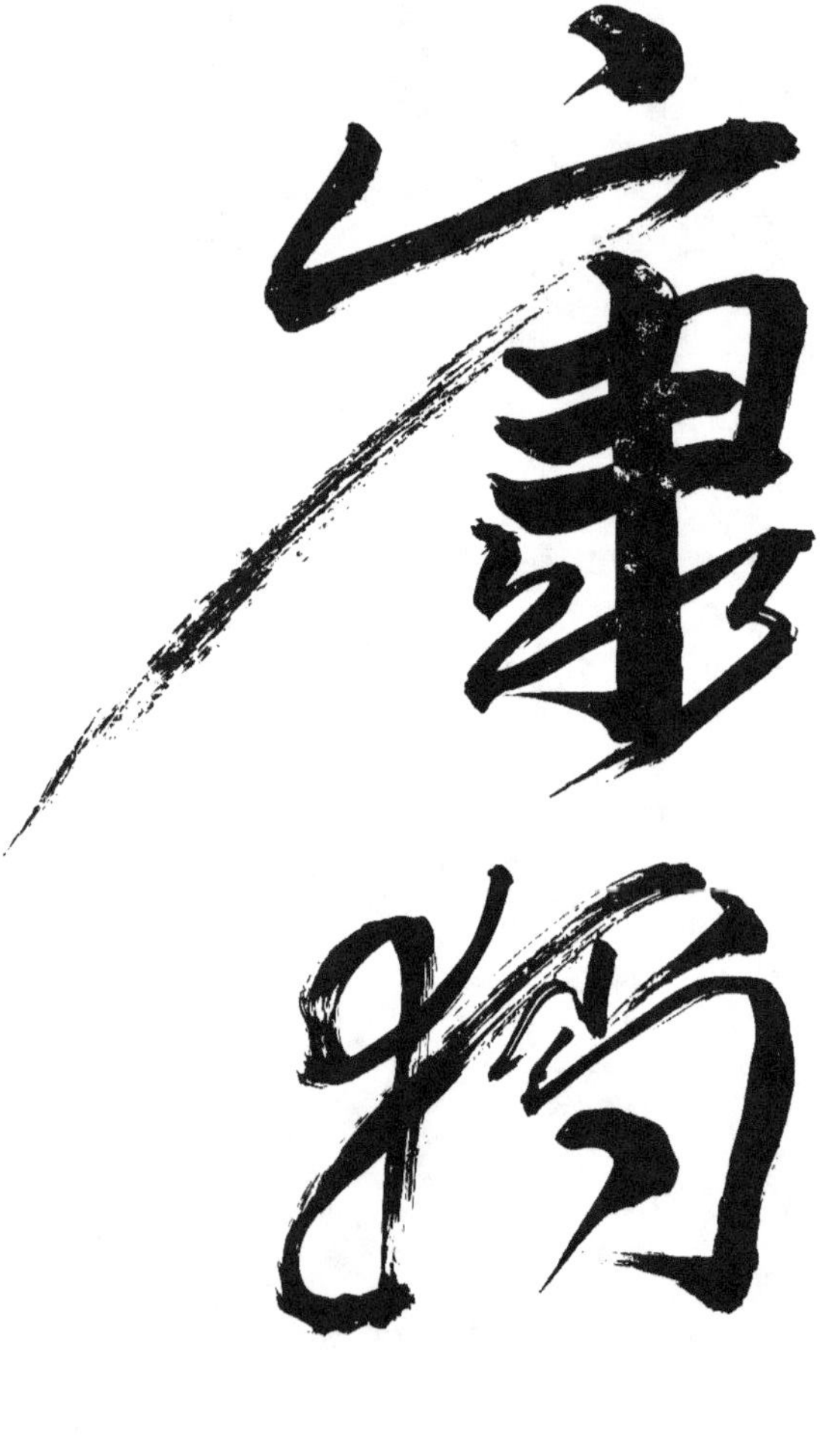

七首【康獨】

原文訓読

見《ミ》ルノハレ笑《ワラ》ヒニテ如《ゴト》シニ膠《ニカハ》貼《ハ》ル下重顔《ヂユウカホ》ノ上一、

熙《キ》ハ來《キタ》レバ亂《ミダ》セリレ面《メン》ガ食《タ》ブレ三《ミ》ツ-饅《マン》ヲ、

林《ハヤシ》-林《ぐ》ニレ美《ビナ》ル-粉《コナ》ハ深《フカ》キ杯《サカヅキ》ニテ飲《ノ》ム、

壽《シユウ》ニ杜《ト》康《コウ》ニ一哉《サイ》セヨ起《オ》コセバレ獨《ヒト》リ-山《ヤマ》ヲ。

見笑如膠貼重顏
熙來亂面食三饅
抹林美粉深杯飲
壽杜康哉起獨山

出之郷登城

緣出之言乃究乃女人郷里之寄之彩女

已人来兆而更究竟了二三以饅年食石

之義乃戦人好之與無薪言乃飲食

按字義之至離文字錯以手拍之也

古文訳

康獨《こうどく》

笑《わら》ひにて見《み》るのは、膠貼《にかはは》る重顔《ぢゆうかほ》の如《ごと》し、

熙《き》は來《きた》れば、面《めん》が亂《みだ》せり、三《み》つ饅《まん》を食《た》ぶ、

美《びな》る粉《こな》は林々《はやしぐ》に、深《ふか》き杯《さかづき》にて飲《の》む、

杜康《とこう》に壽哉《しゅうさい》せよ、獨《ひと》り山《やま》を起《お》こせば。

現代文訳

【孤独の祝福】

笑われるのは、糊が真剣な顔に貼り付くようなものである。
満足は訪れれば、顔がぼやける。まんじゅうを三つ食す。
森の木々のような上質な小麦粉の山。深盃で飲む。酒の先祖様に乾杯。
あなたは孤独な山を慰める。

広東語発音

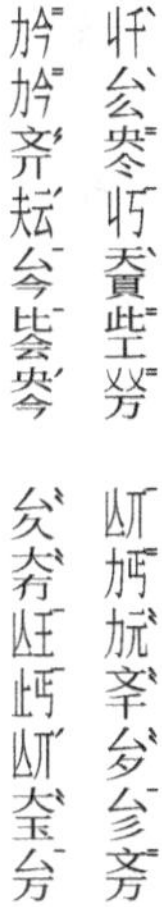

鑑賞の応答ページ

朗読された詩を聴き、QRコードで反省文を提出してください。

睛
孝

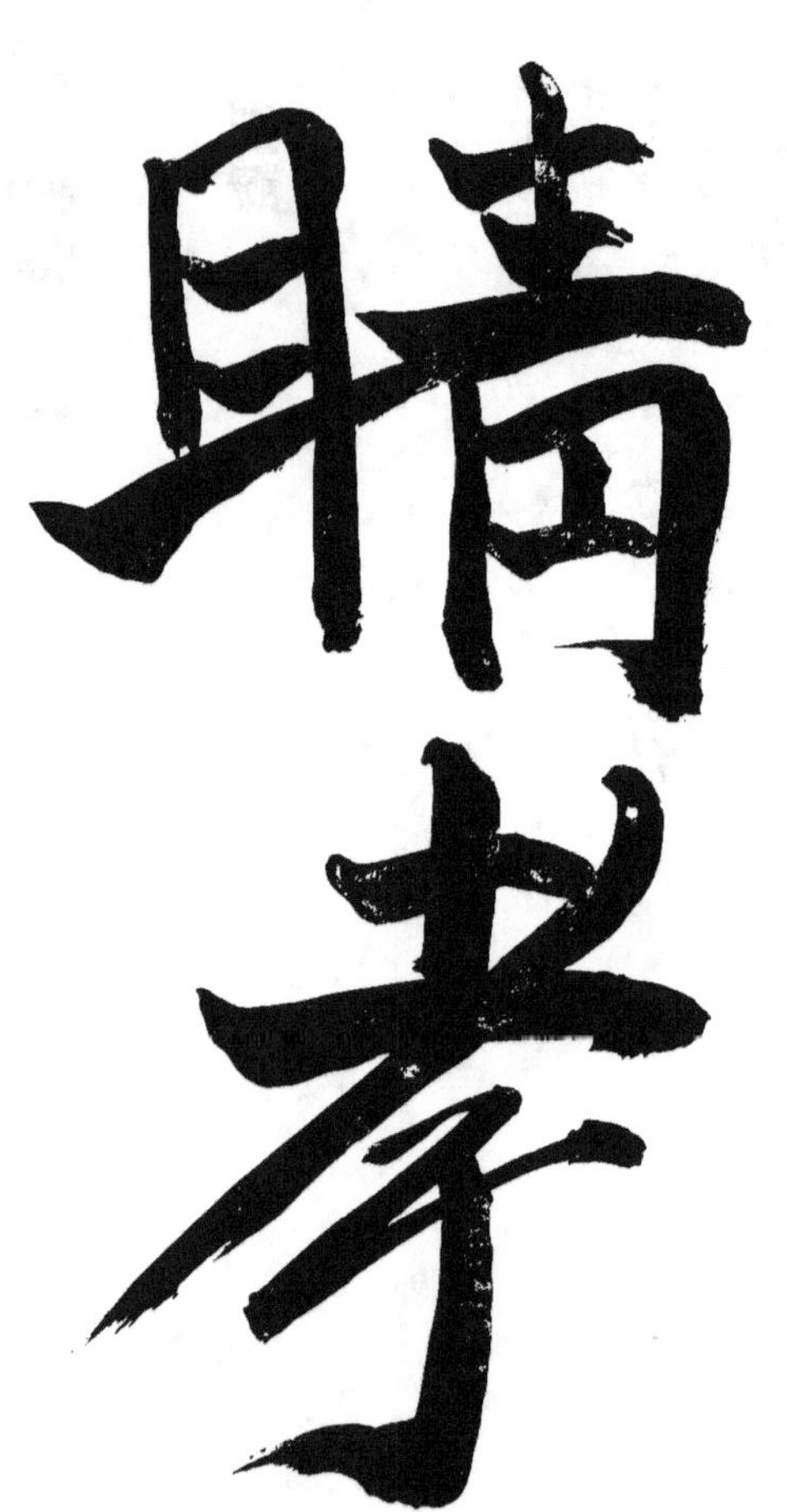

八首【睛孝】

原文訓読

還《カヘ》ラムノハレ親《オヤ》ニ遠《トホ》ザカレバレ及《オヨ》バズニ由《ヨシ》ニ殘《ソコ》ナフ脚《アシ》ナリ、

盡《ツ》クス‐孝《カウ》ヲニ逃《ニ》ガシヌ丙睛《ヒトミ》ニ乙以《モ》テ下敝《ヤブ》ル、盲《マウ》上一甲、

悄《セウ》‐悄〱タリニ無《ナ》ク下懐《ナツ》カリノ一上方《ハウ》外《ゲ》ニ落《オ》ツ、

思《オモ》ヒタリレ歸《カヘ》シ見《ミ》レバレ感《カン》ヲ已《スデ》ニ收《ヲサ》マラムレ行《カウ》ヲ。

還親遠及由殘臘
盡孝逃睛以激音
惜惜無懷方外落
思歸見器已收行

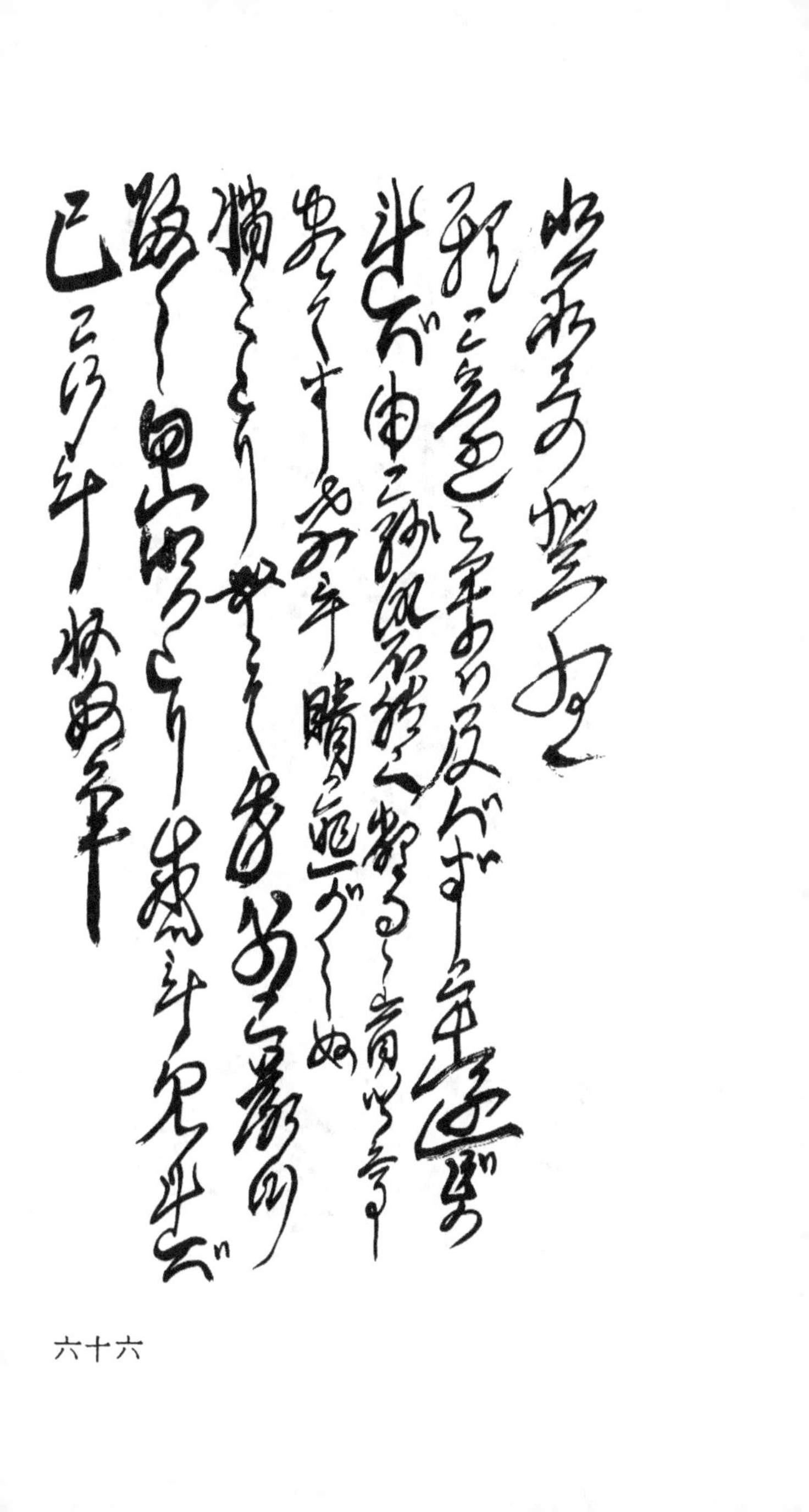

古文訳

睛《ひとみ》の孝《かう》

親《おや》に還《かへ》らむのは、及《およ》ばずに遠《とほ》ざかれば、由《よし》に殘《そこ》なふ脚《あし》なり、

敝《やぶ》るゝ盲《まう》以《も》て、盡《つ》くす孝《かう》を睛《ひとみ》に逃《に》がしぬ、

懷《なつ》かりの悄々《せうくく》たり無《な》く、方外《はうげ》に落《お》つ、

歸《かへ》し思《おも》ひたり、感《かん》を見《み》れば、已《すで》に行《かう》を收《をさ》まらむ。

現代文訳

【光景の親孝行】

両親への恩返しは、不自由な足の私には、手の届かないものだ。恐ろしいほどの盲目で、親孝行は私の視界から遠ざかる。大切なものをなくして悲しく沈黙し、私は世界の彼方に落ちていった。何かを感じるために家に帰りたいが、その気持ちは失われ、すでに旅の終着点へ。

広東語発音

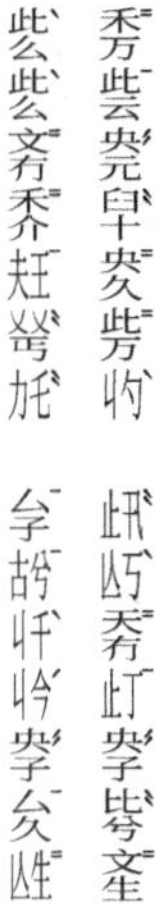

鑑賞の応答ページ

朗読された詩を聴き、QRコードで反省文を提出してください。

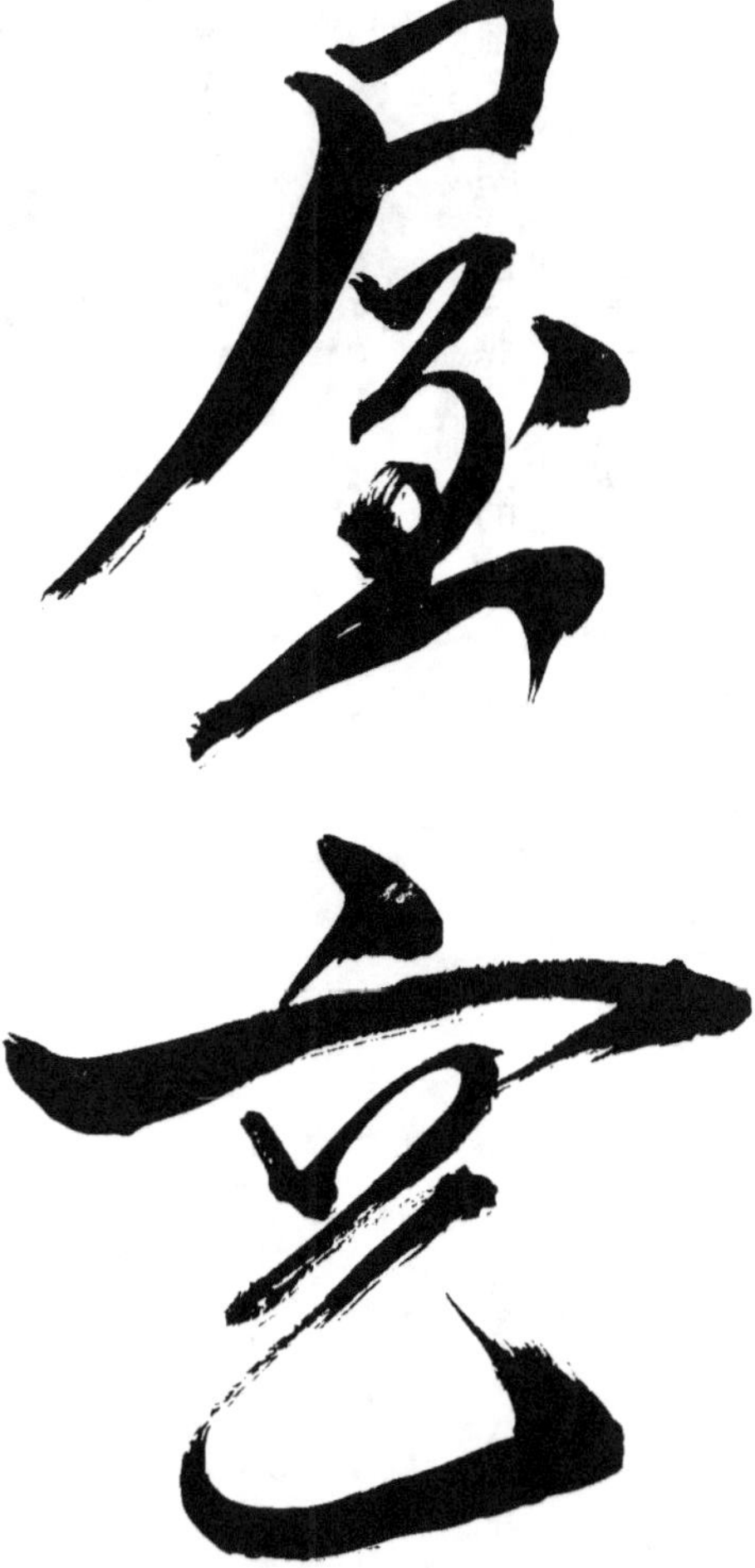

九首【屋空】

原文訓読

九十年《キウジフトシ》ニ來《キタ》リタリ爲《ナ》リキレ影《カゲ》ト一響《ヒビ》キ、
郷風《キヤウフウ》ハ舊屋《キウヲク》モ已《スデ》ニ無《ナ》シレ情《ココロ》ガ、
悠悠《イウ〱》タリ悴《ヤツ》レル涙《ナミダ》ナレ空心《クウシン》ガ憶《オモ》ハム、
小《チヒ》サキ子《コ》ハ違《タガ》ヒツニレ交《マ》ジリ忘《ワス》レヌレ老《ラウ》一兄《ケイ》ヲ。

九十年來為影響
鄉風霧屋已無情
悠悠悴淚空心憶
小子逢交忘老兄

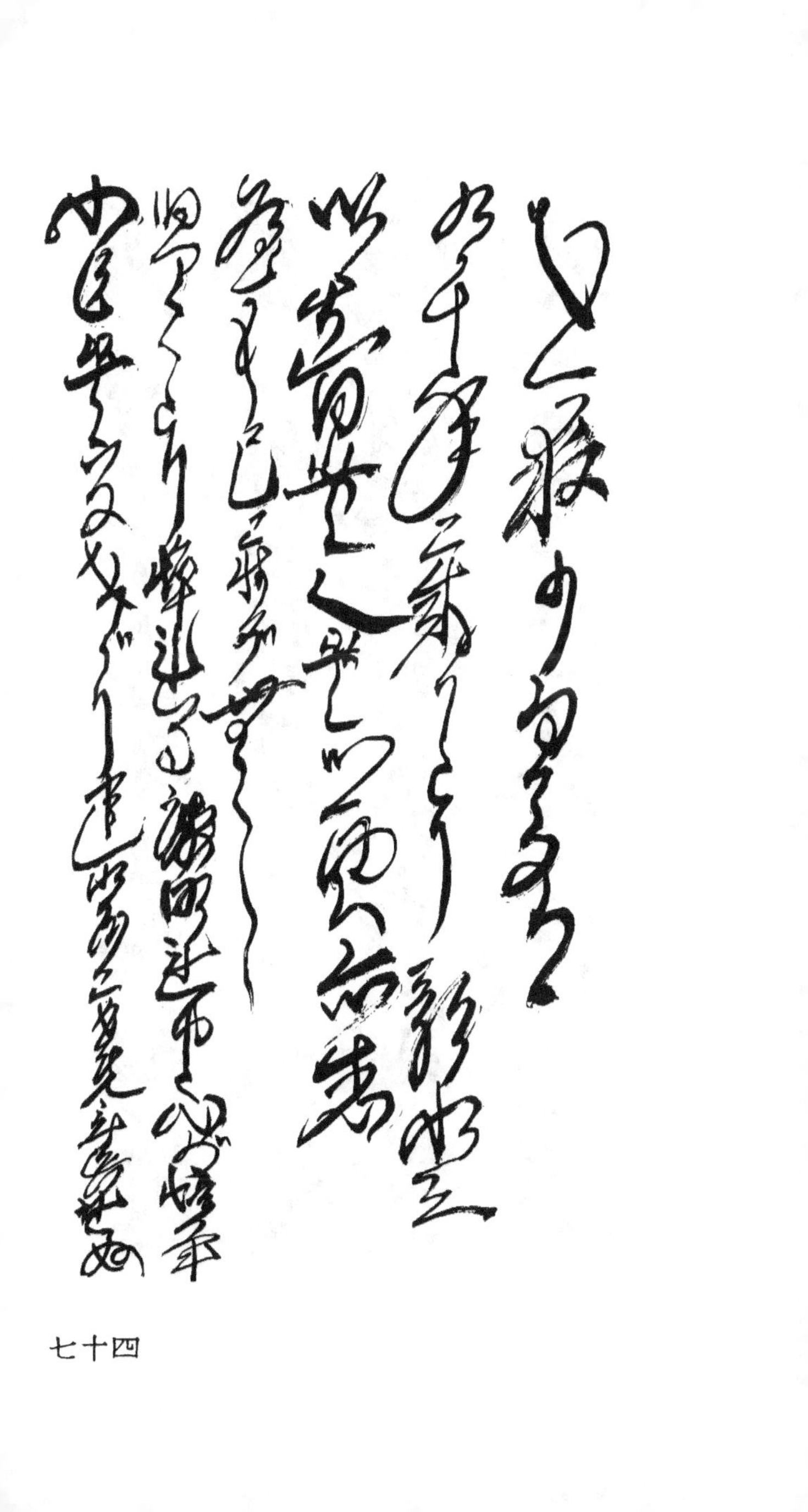

古文訳

屋《をく》の空《くう》

九十年《きうじふとし》に來《きた》りたり、影《かげ》と響《ひび》き爲《な》りき、

鄕風《きやうふう》は舊屋《きうをく》も、已《すで》に情《こころ》が無《な》し、

悠々《いうく》たり悴《やつ》れる淚《なみだ》なれ、空心《くうしん》が憶《おも》はむ、

小《ちひ》さき子《こ》交《ま》じり違《たが》ひつに、老兄《らうけい》を忘《わす》れぬ。

現代文訳

【家の空虚】

九十歳になり、影とこだまになっていく。
見慣れた家も、故郷の天気も、今は情緒もない、
衰えと定のないことは嘆きの涙である、空っぽの心が回想していく、
小さな子供は見知らぬ人を避け、この老人を忘れてしまう。

広東語発音

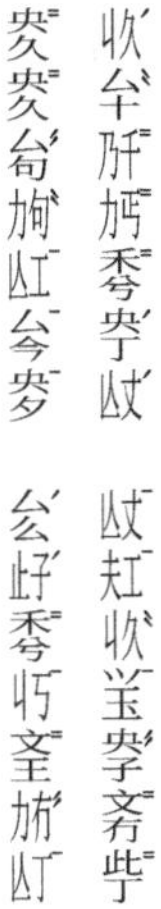

鑑賞の応答ページ

朗読された詩を聴き、QRコードで反省文を提出してください。

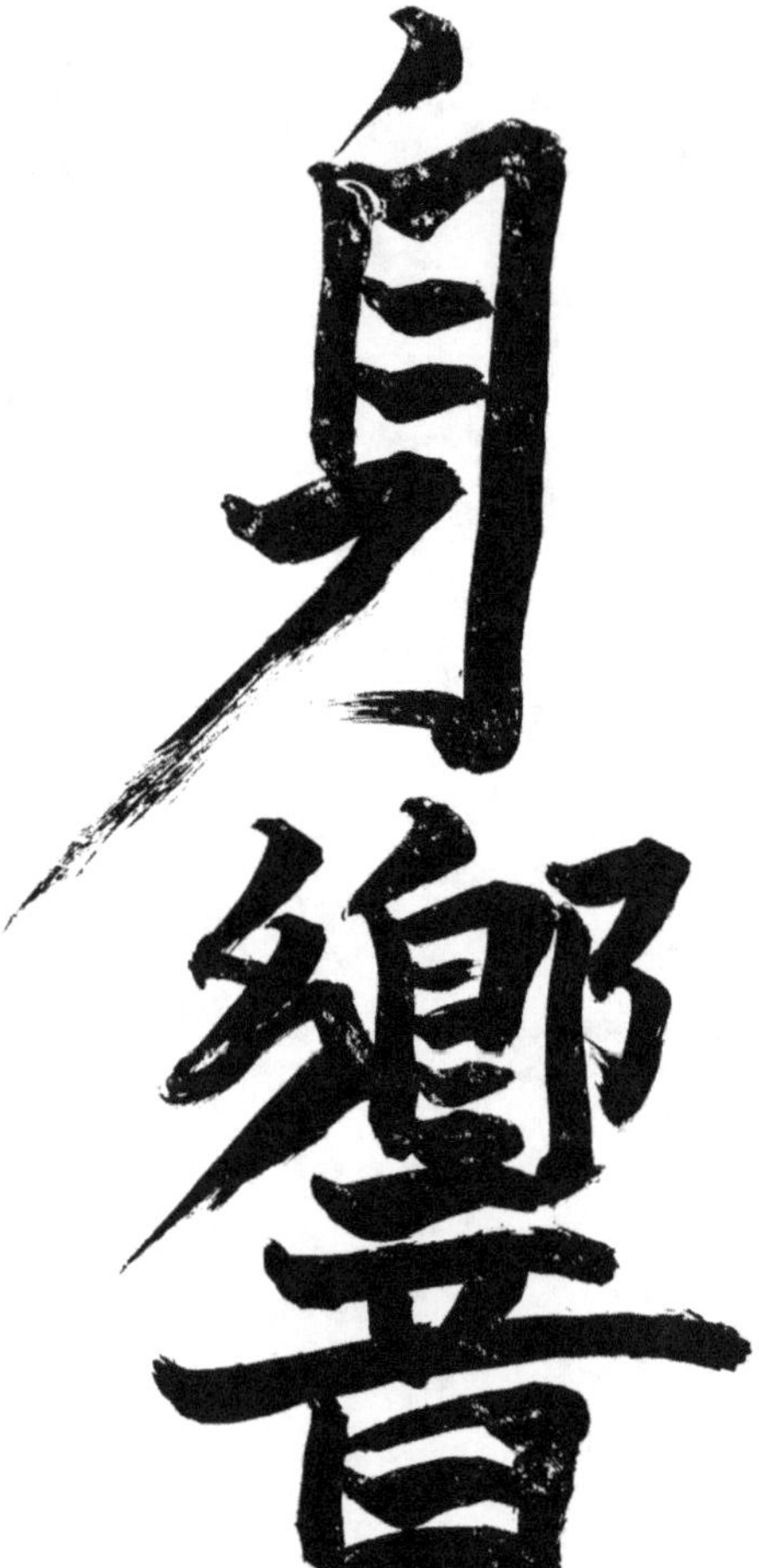
身響

十首【身響】

原文訓読

鐘《カネ》ガ樓《ヤグラ》ハ又響《マタカセ》カセ反《ソム》クレ年《ネン》一經《キヤウ》ヲ、

破《ヤブ》ル廟《ヤシロ》ニ安身《アンシン》セム擬《ハカ》ルレ出《シユツ》一征《セイ》ヲ、

蕩蕩《タウ〳〵》タル黄河《コウガ》ガ流浪《ルラウ》スルノ樂《タノ》シム、

沿《ソ》ヘリ三霄《セウ》ニ二一息《ヒトイキ》ニテ一望《ノゾ》ムレ珠《タマ》ノ一明《メイ》ヲ。

鐘樓又響反年經
破廟安身擬出征
蕩蕩黃河流淚樂
洽雲一息望珠明

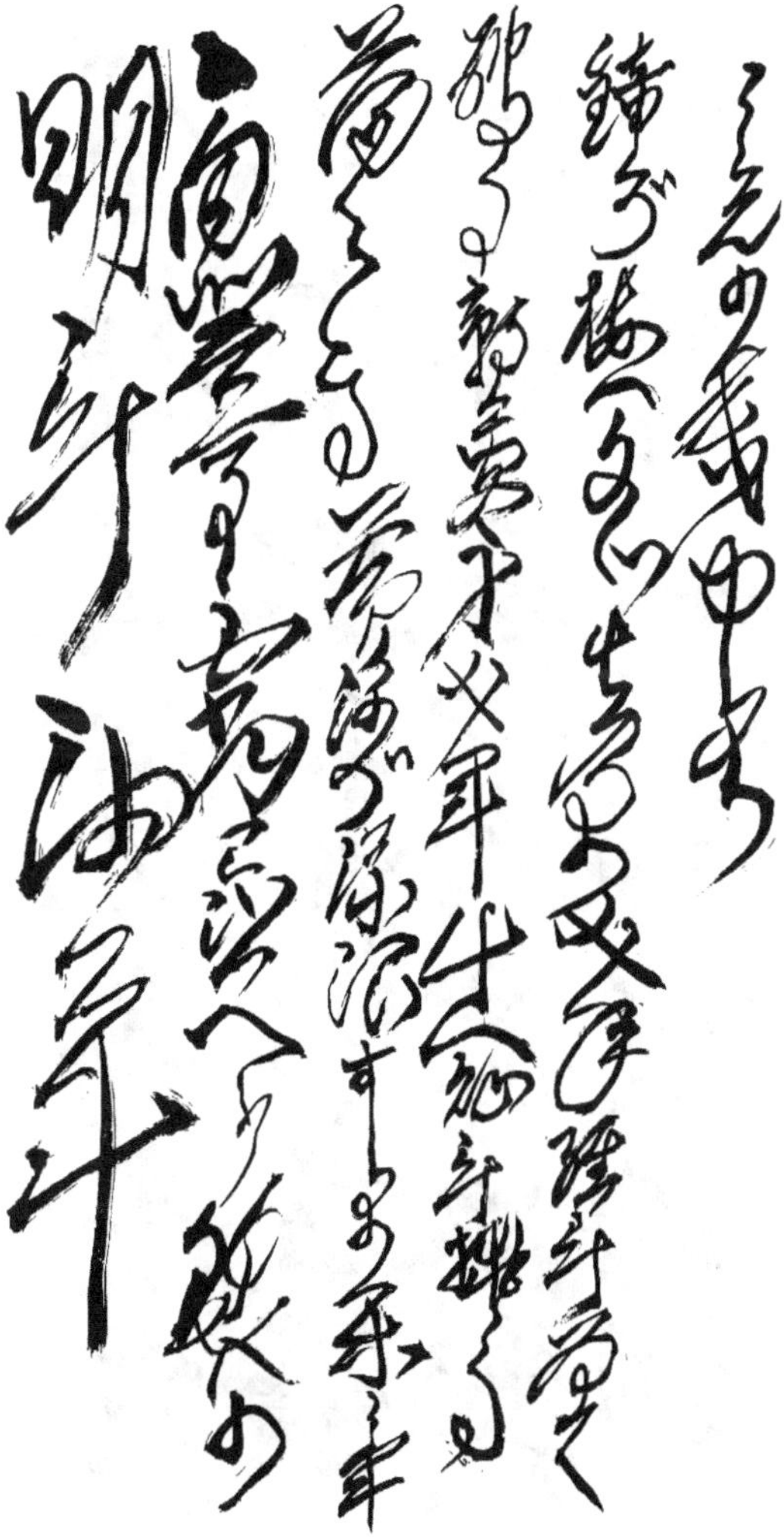

古文訳

身《しん》の響《きやう》

鐘《かね》が櫓《やぐら》は又《また》響《ひび》かせ、年經《ねんきやう》を反《そむ》く、

破《やぶ》る廟《やしろ》に安身《あんしん》せむ、出征《しゆつせい》を擬《はか》る、

蕩々《たうく》たる黄河《こうが》が流浪《るらう》するの樂《たの》しむ、

一息《ひといき》にて霄《せう》に沿《そ》へり、珠《たま》の明《めい》を望《のぞ》む。

現代文訳

【自己の共振】

鐘楼は絶え間なく鳴り響いて、時の流れに逆らう。
朽ち果てた寺に立ち退く、案内なしで出発しよう。
黄河は流れ続け、漂う波が楽しませてくれる。
真珠の光を遠くに眺めながら、太陽の輪の線が誘う下流への休息に向かう。

広東語発音

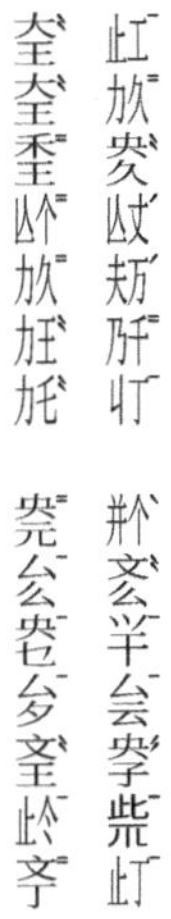

鑑賞の応答ページ

朗読された詩を聴き、QRコードで反省文を提出してください。

陰石

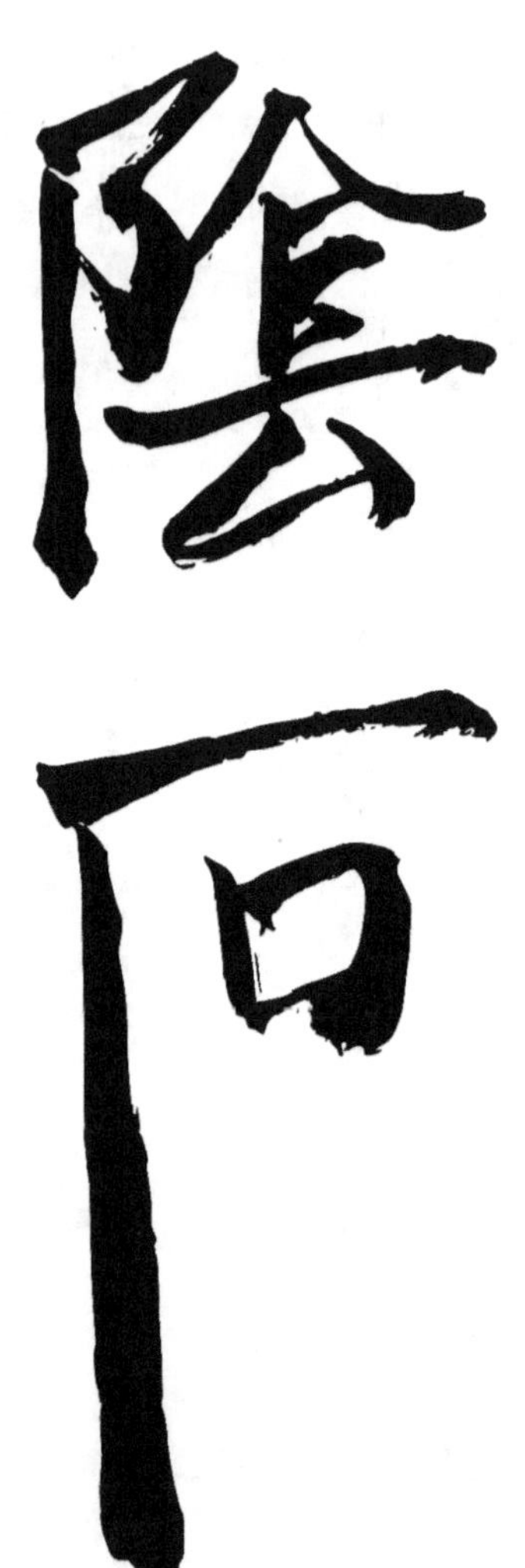

十一首【陰石】

原文訓読

冷《ヒ》ユ峡《ハザマ》前《マヘ》ノ陰《カゲ》ニ分《ワ》カツレ洞《ドウ》‐穴《ケツ》ヲ、
城《ジヤウ》垣《エン》ハ照《テ》ラセリレ水《ミヅ》ヲ曼《ヒ》クレ微《ソヨ》‐風《カゼ》ヲ、
油油《イウ〳〵》タル石髄《セキズイ》ガ窮《キハ》マリ‐條《スヂ》セリレ本《ホン》ニ、
氣《セマ》ルレ促《イキ》ハ何《カガ》セリレ如《イ》味《ムサボ》ルレ澒《コウ》‐濛《コサメ》ニ。

泠峽層陰分洞穴
城垣照水曼鐵風
油油石髓窮鋒术
氣縈衍如昧灝濛

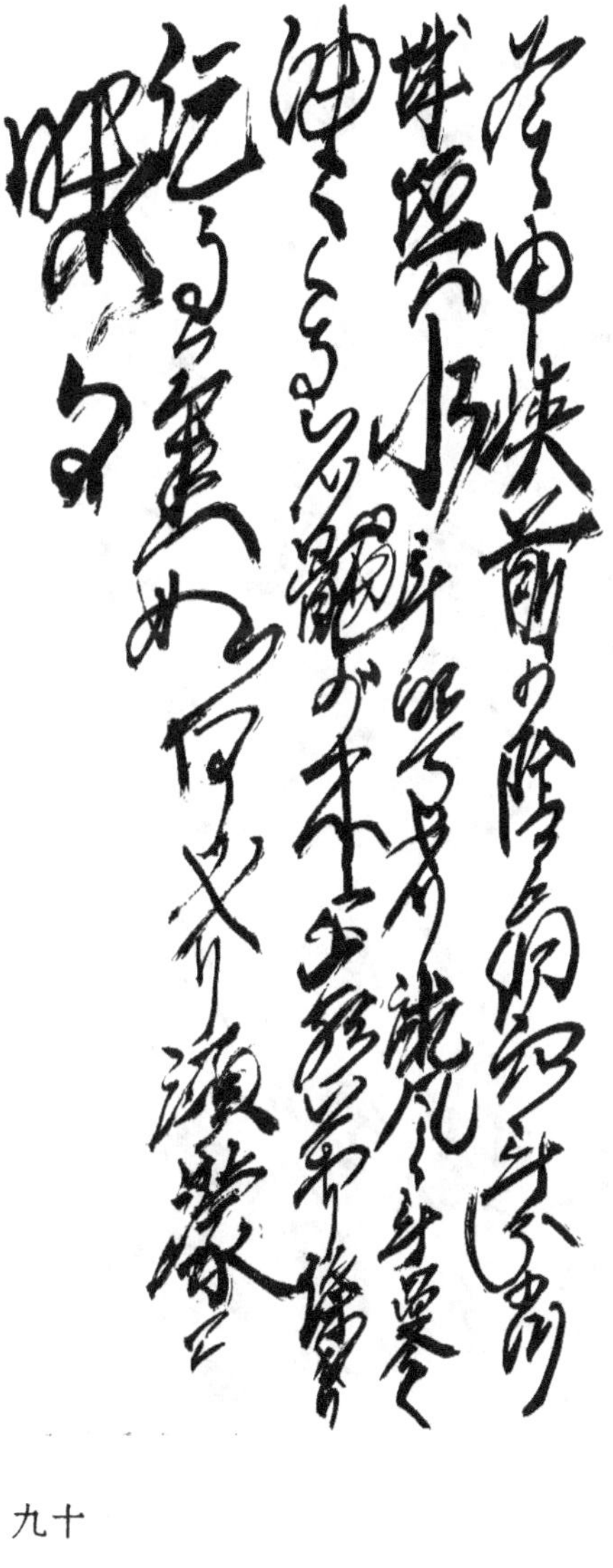

古文訳

陰石《いんいし》

冷《ひ》ゆ峽前《はざままへ》の陰《かげ》に洞穴《どうけつ》を分《わ》かつ、
城垣《じやうゑん》は水《みづ》を照《て》らせり、微風《そよかぜ》を曼《ひ》く、
油々《いうく》たる石髓《せきずい》が本《ほん》に窮《きは》まり條《すぢ》せり、
促《せま》る氣《いき》は如何《いかが》せり、澒濛《こうこさめ》に昧《むさぼ》る。

現代文訳

【日陰の岩】

人里離れた峡谷の前の木陰が洞窟を仕切っている、城壁の反射が水面を照らし、遠くまで風の音を響かせる。滑らかで光沢のある鍾乳石が根元まで必死に伸びている、慌ただしく呼吸をしながらも、包み込むような霧の中を通過していく感覚は何だろう。

広東語発音

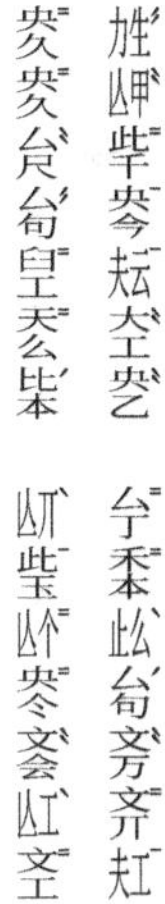

鑑賞の応答ページ

朗読された詩を聴き、QRコードで反省文を提出してください。

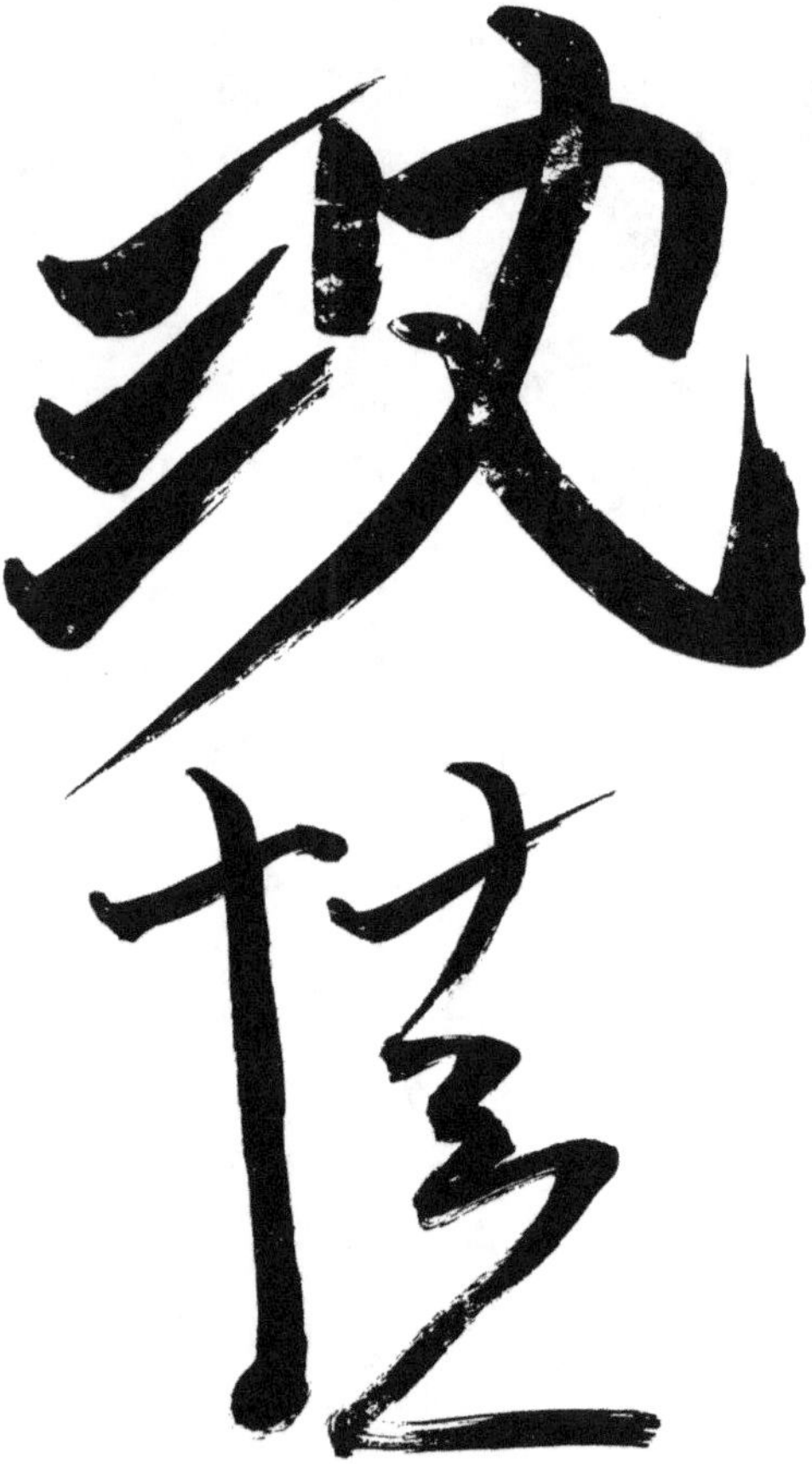

十二首【沈情】

原文訓読

沈《シヅ》ミ一酣《タケナハ》スレバレ曜《カガヤ》カシキ一渺《ヒロ》カルノハ奔《ハシ》ラムレ丹《ニ》一渚《ミギハ》ニ、

邂《カイ》一逅《コウ》シキニレ同《ドウ》一心《シン》シ放《ハナ》ツレ宿《シユク》一思《シ》ヲ、

翊《ヨク》一翊〱スレバレ懸《ケン》一情《ジヤウ》ヲ歌《カ》一舞《ブ》シタリレ信《シン》ニ、

鴛鴦《ヲシドリ》ハ兩孛《モロハイ》ナリ逆《サカ》ラフレ侵《オカ》ス一施《シ》ニ。

洸酣躍渺奔舟潜
邂逅同心旅宿思
翱翔懸情歌舞信
鴛鴦両字逆侵旋

御子なんぢ申経

嗟まつり生涯の国の人心を福すべし

丹青の本なり為る年月也し解居し

し無言の字寛悳弁牧川

形精弁翔てすまべし之説雅しこそ

観響発へ長ゝ学人優す施二送なれ

古文訳

沈情《ちんじやう》

曜《かがや》かしき渺《ひろ》かるのは沈《しづ》み酣《たけなは》すれば、丹渚《にみぎは》に奔《はし》らむ、
同心《どうしん》し邂逅《かいこう》しきに、宿思《しゆくし》を放《はな》つ、
懸情《けんじやう》を翊々《よくく》すれば、信《しん》に歌舞《かぶ》したり、
鴛鴦《をしどり》は兩孛《もろはい》なり、侵《おか》す施《し》に逆《さか》らふ。

現代文訳

【沈みゆく感情】

光り輝く大地に酔いしれ、太陽に照らされた海岸を疾走する。
気の合う心との偶然の出会い、大切な想いを存分に表現する。
不安な気持ちを超えて舞い上がる、誓いの歌にのって踊る。
忠実な夫婦は一対の彗星になって、侵略軍の旗に立ち向かう。

広東語発音

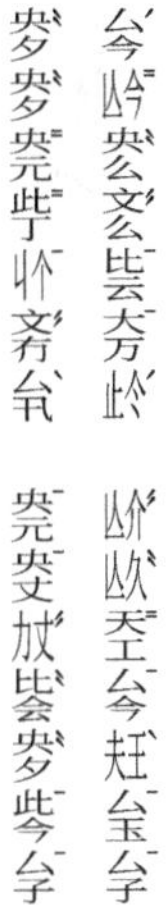

鑑賞の応答ページ

朗読された詩を聴き、QRコードで反省文を提出してください。

農田

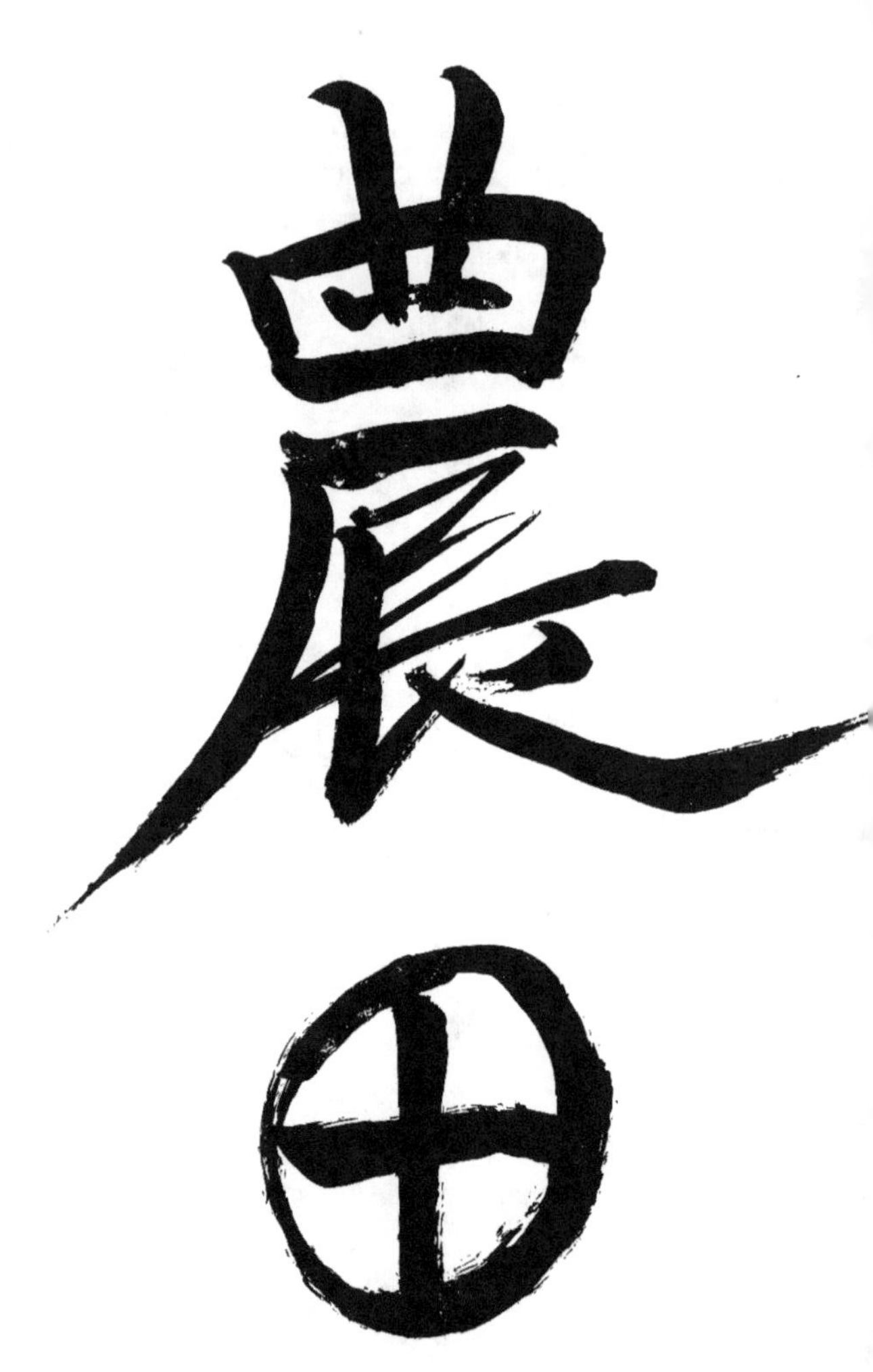

十三首【農田】

原文訓読

日《ヒ》ハレ夕農《ユウノウ》ガ停《ト》マリ‐退《ヒ》キツレ野《ノ》‐田《ダ》ニ、

纁《ウスキアカイロ》ノ裳《シヤウ》ハ被《オホ》ヒヌレ地《ツチ》ニ鎮《オサ》ヘムレ荒《クワウ》‐烟《エン》ヲ、

尋《ジン》‐尋《〱》タリ下索《モト》ミタリ二隠《コ》モルノニテ上一相《アヒ》‐覩《ミ》タリレ距《キヨ》ヲ、

切《キ》リツ三貫《クワン》ヲ二投明《トウメイ》ニ一往《ユ》クレ遠《トホ》カル‐邊《ホト》リニ。

日夕農停退野田
纏裳披地鎮荒畑
尋尋索隱相觀距
切貫撥明徃達邊

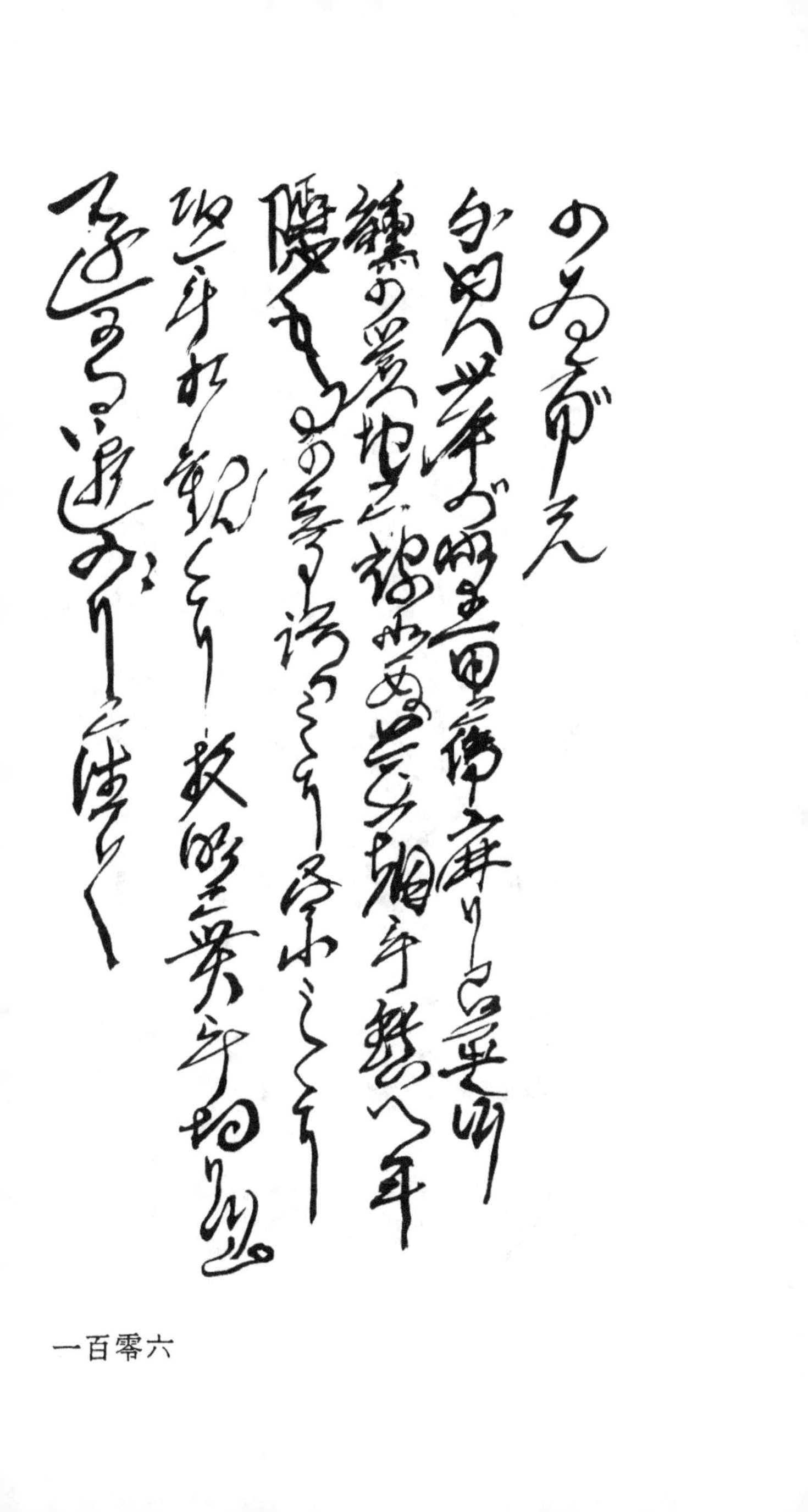

古文訳

農田《のうでん》

夕日《ゆうひ》は農《のう》が野田《のだ》に停《と》まり退《ひ》きつ、
纁《うすきあかいろ》の裳《しやう》は地《つち》に被《おほ》ひぬ、荒烟《くわうえん》を鎮《おさ》へむ、
隠《こ》もるのにて尋々《じんく》たり索《もと》みたり、距《きよ》を相観《あひみ》たり、
投明《とうめい》に貫《くわん》を切《き》りつ、遠《とほ》かる邊《ほと》りに往《ゆ》く。

現代文訳

【農家の畑】

休耕田を引き払い、夕暮れ時になると農民は休む。
黄昏の赤い袴は地面を包み込む。不毛な夕立の中。
隠れた誰かを探し続ける、遠く離れたお互いを想い合う。
夜明けに接続を切って、遠い国境地帯に向かう。

広東語発音

[illegible]　[illegible]
[illegible]　[illegible]

鑑賞の応答ページ

朗読された詩を聴き、QRコードで反省文を提出してください。

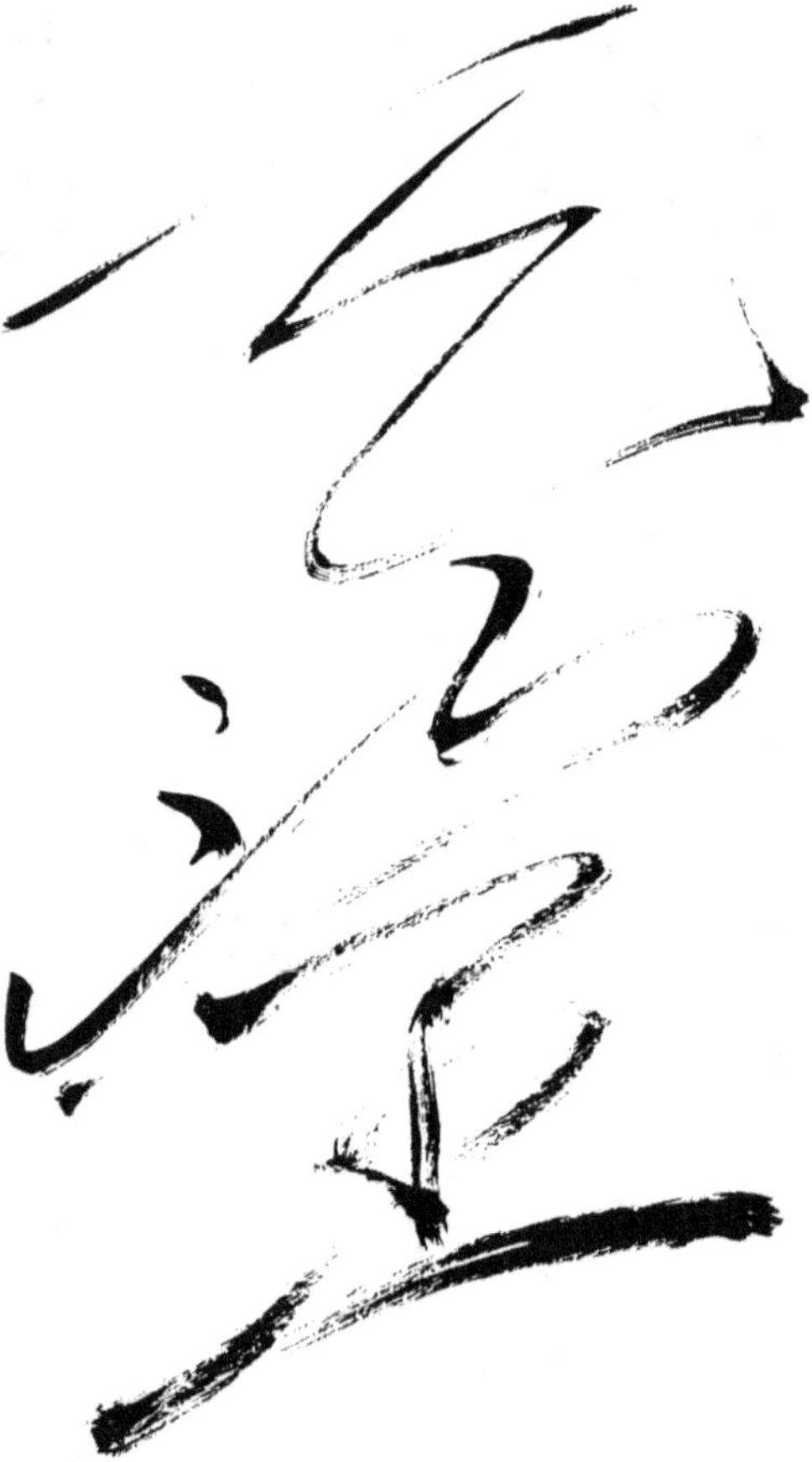

十四首【天望】

原文訓読

天涯《テンガイ》ニ我《ワレ》ハ歟《ト》マラム臻《イタ》セバレ盈《エイ》一牧《マキ》ニ、
慮《リヨ》三望《バウ》シタリニ西方《セイホウ》ニ一想《オモ》ハムレ黑《クロ》キ一澄《チヨウ》ヲ、
旆旆《ハタ〲》ノ懷《フトコロ》ガ開《ヒラ》キヌニ槐樹《クワイジユ》ノ語《カタ》リノ一、
從《シタガ》ヘバニ災《ワザハ》ヒシ一覺《サ》マスノ下夢《ユメ》ヲ上一看《ミ》ヌレ淸《セイ》一晶《シヤウ》ヲ。

天涯我歡臻盈牧
屢望西方想墨澄
旖旎懷開攏樹語
從容覺夢看濤晶

節分の花束を
見渡に家人影無之年中物に覆い
西洋に波寄せし貫き往来
挿して煤払物に塗りし要せぬ
見渡斜以也しし覚へずし
蛍ハのぼく目明かず知らぬ

古文訳

天望《てんばう》

天涯《てんがい》に我《われ》は歇《と》まらむ、盈牧《えいまき》に臻《いた》せば、
西方《せいほう》に望慮《ばうりよ》したり、黒《くろ》き澄《ちよう》を想《おも》はむ、
旆々《はたぐ》の懐《ふところ》が槐樹《くわいじゆ》の語《かた》りの開《ひら》きぬ、
夢《ゆめ》を災《わざは》ひし覺《さ》ますの從《したが》へば、清晶《せいしやう》を看《み》ぬ。

現代文訳

【天の希望】

空の岸辺でしばらく休んでいると、豊かな牧草地にたどり着いた。
西の楽園を期待して、すすのように黒い静水を想像する。
大きな旗のように波打つ大切な思い出が塔の木に応える。
夢から渋々覚めるとき、水晶のような透明感で現実の苦悩が見えてくる。

広東語発音

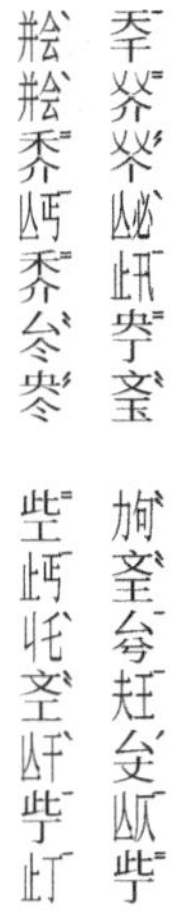

鑑賞の応答ページ

朗読された詩を聴き、QRコードで反省文を提出してください。

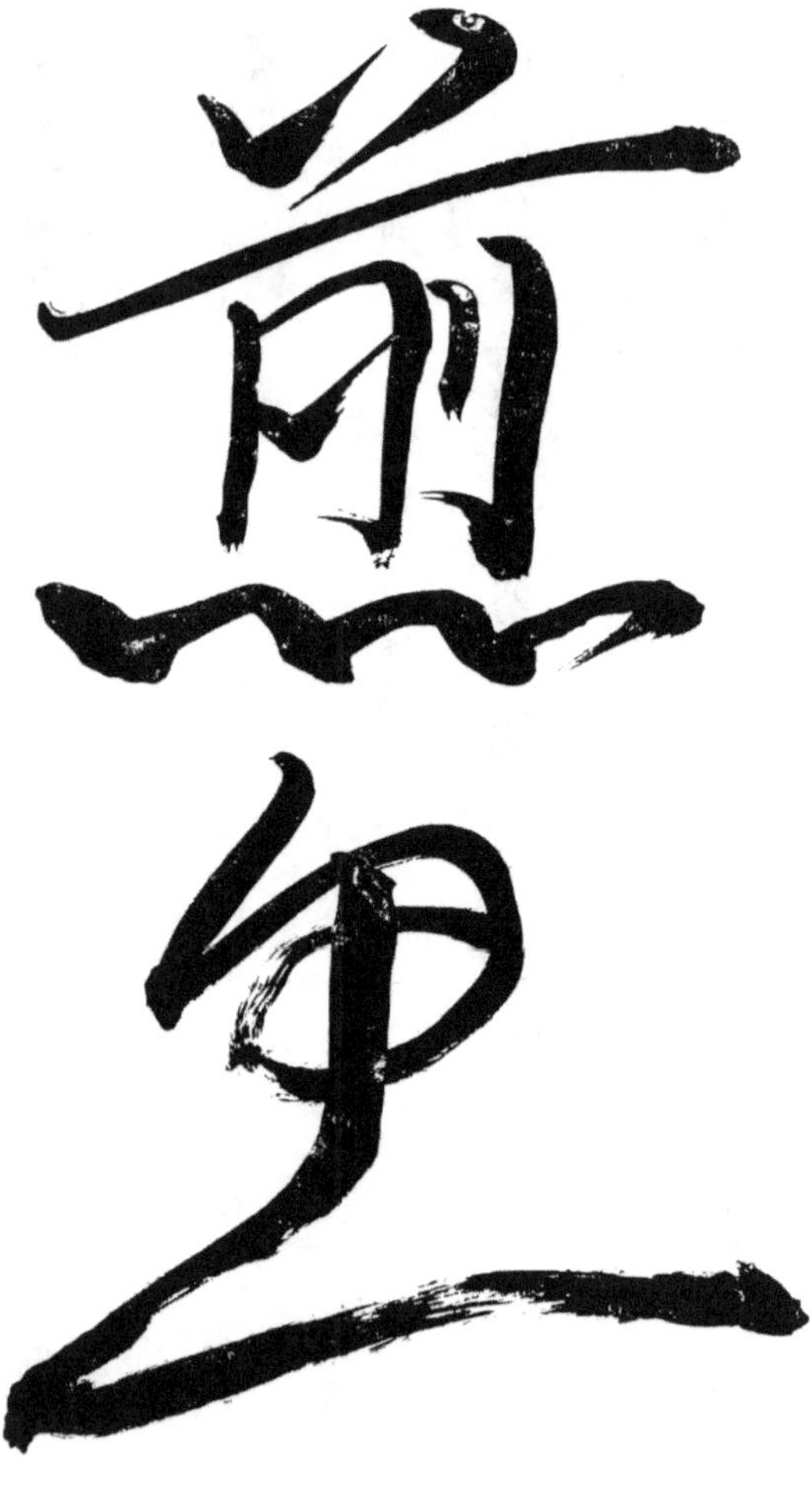

十五首【煎魚】

原文訓読

入《イ》ラムレ屋《ヤ》ニ煎《イ》レバレ魚《サカナ》ヲ同《トモ》ニ己《オノレ》ト食《タ》ベタリ、
灰《ハヒ》ノ爐《ヰロリ》ガ重《カサ》ナリ響《ヒビ》キタリ與《クミ》セリレ前《マエ》ノ‐忱《マコト》ニ、
忉《ウレ》ヘリ忉《ウレ》ヘルノハ又《マタ》‐慨《ナゲ》カム二郊《イナカ》ノ蘆《アシ》ガ動《ウゴ》キタリ一、
郁《カグハ》シキ醬《シヤウ》ハ如《ゴト》シ二生《セイ》ガ注《ソソ》グノ下苦《クル》シキ霖《ナガアメ》ヲ上一。

入屋煎魚同已倉
灰爐重響與煎恍
切切又慨郊蘆動
郁醬如生注芸霖

世を雑務

庵に入て年里計道出里ゟ出

食へども所の殊がすくなし当所無ある

前の夜に又一切つゝ一切つゝのへ

郷の者が男女ども又段々年

殊に半日へずが多く出露計然しても如く

現代文訳

煎魚《せんうを》

屋《や》に入《い》らむ魚《さかな》を煎《い》れば、同《とも》に己《おのれ》と食《た》べたり、灰《はひ》の爐《ゐろり》が重《かさ》なり響《ひび》きたり、前《まえ》の忱《まこと》に與《くみ》せり、悧《うれ》へり悧《うれ》へるのは、郊《いなか》の蘆《あし》が動《うご》きたり又慨《またなげ》かむ、郁《かぐは》しき醬《しやう》は、生《せい》が苦《くる》しき霖《ながあめ》を注《そそ》ぐの如《ごと》し。

現代文訳

【魚を蒸す】

家に入ろう、魚を調理するために。自分だけを相手にして食べるのだ。灰の暖炉が懐かしい真心を込めて重々しく響く。慰められることのない緑の木立の葦が揺れ動き、また寂しげにため息をつく。再び寂しげな溜息を吐く。ぴりりとした醤は、生命が降り続く苦い雨を降らせるかのようだ。

広東語発音

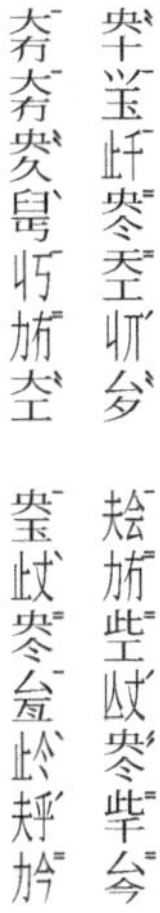

鑑賞の応答ページ

朗読された詩を聴き、QRコードで反省文を提出してください。

收葉

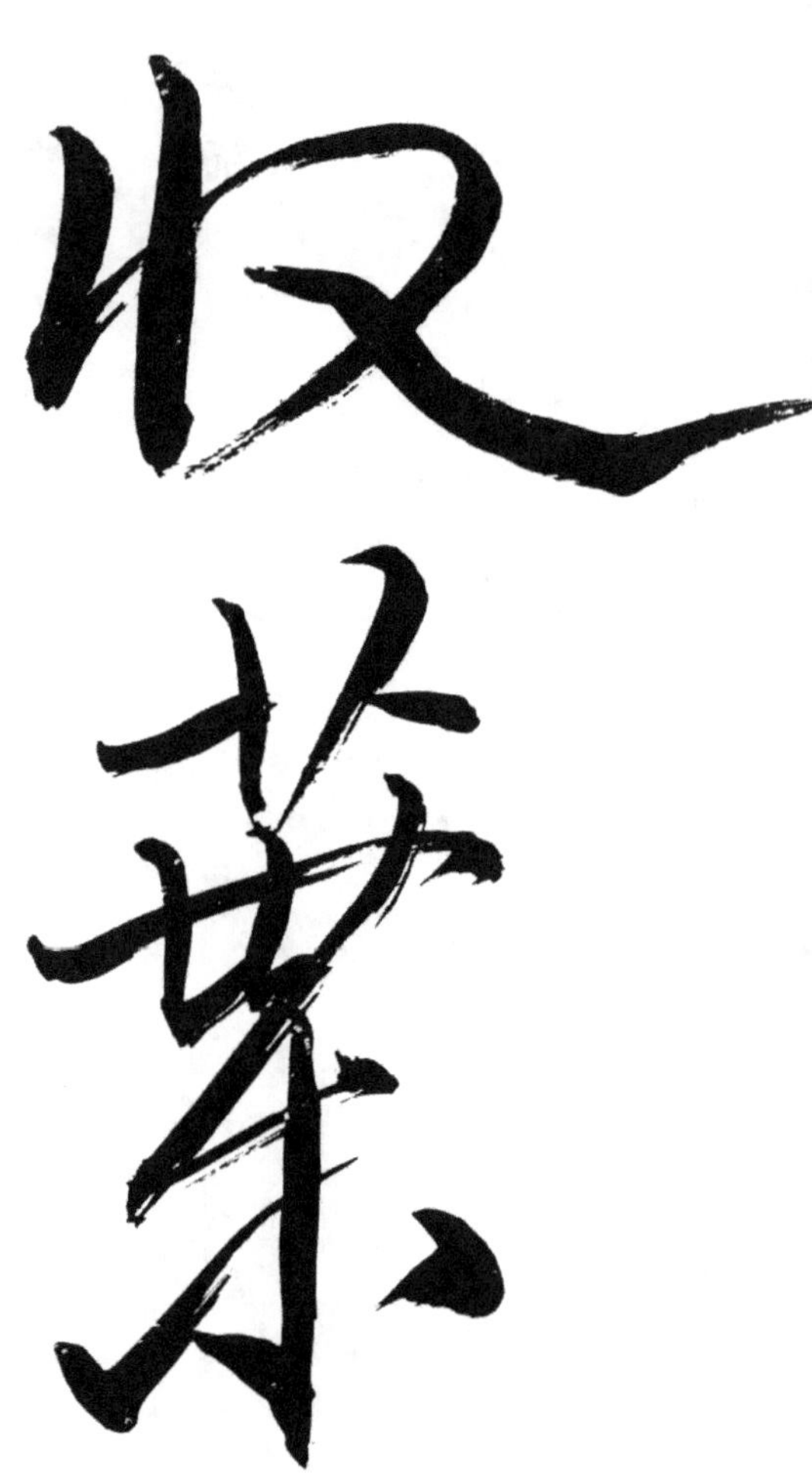

十六首【收葉】

原文訓読

收《ヲサ》マレリレ筵《ムシロ》ヲ掃《ハ》ケリレ葉《ハ》ヲ滅《ホロ》ボサムレ殘《ノコ》ル-燈《トモシビ》ヲ、

悟《サト》リヌ二窅《ヨウ》-冥《ミヤウ》ノ-雲《ウン》ヲ下擧《ア》ゲル中蔓藤《マントウ》ヲ上一、

靄《モヤ》-靄《〱》ハ三斑《マダラ》ノ二朧《オボロ》ニ一康泰《コウタイ》ノ夜《ヨル》ナリ、

英《ハナブサ》ガ熏《フス》ベレリレ萬《バン》-物《ブツ》ヲ滅《ヘラ》シヌレ多《オホ》キ-疼《イタミ》ヲ。

收縱掃葉滅殘燈
悟窅冥雲舉蔓藤
靄靄斑朧康泰夜
英熏萬物滅多疼

〻題しの巾
道に收庫せり無余に稍〻り樹る
此に紙到るに萬忠之次第に候ば
窗含いの西に埋りぬ朧之橿の
雪〻原来求の殺〻笑が乎
門年楽ば出り万年之際〻に識しぬ

古文訳

收葉《しうえふ》

筵《むしろ》を收《をさ》まれり、葉《は》を掃《は》けり、殘《のこ》る燈《ともしび》を滅《ほろ》ぼさむ、
蔓藤《まんとう》を擧《あ》げる窅冥《ようみやう》の雲《うん》を悟《さと》りぬ、
朧《おぼろ》に斑《まだら》の靄々《もや〱》は、康泰《こうたい》の夜《よる》なり、
英《はなぶさ》が萬物《ばんぶつ》を熏《ふす》べれり、多《おほ》き疼み《いたみ》を減《へら》しぬ。

現代文訳

【葉の収穫】

簀の子を片付け、落ち葉を掃き、薄暗い提灯を消そう、
忍び寄る蔓を持ち上げる謎めいた雲に気付いた。
かすかな月明かりの中、まだらの雲の切れ端の下、健康で平和な夜だ。
花は空の下、すべてを曇らせ、あらゆる痛みを和らげる。

広東語発音

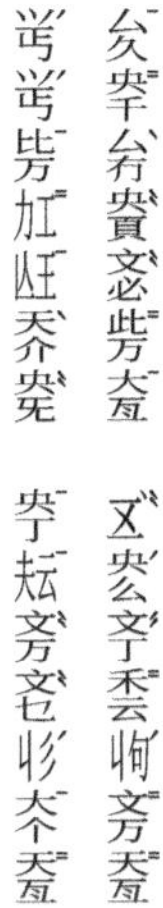

鑑賞の応答ページ

朗読された詩を聴き、QRコードで反省文を提出してください。

騰

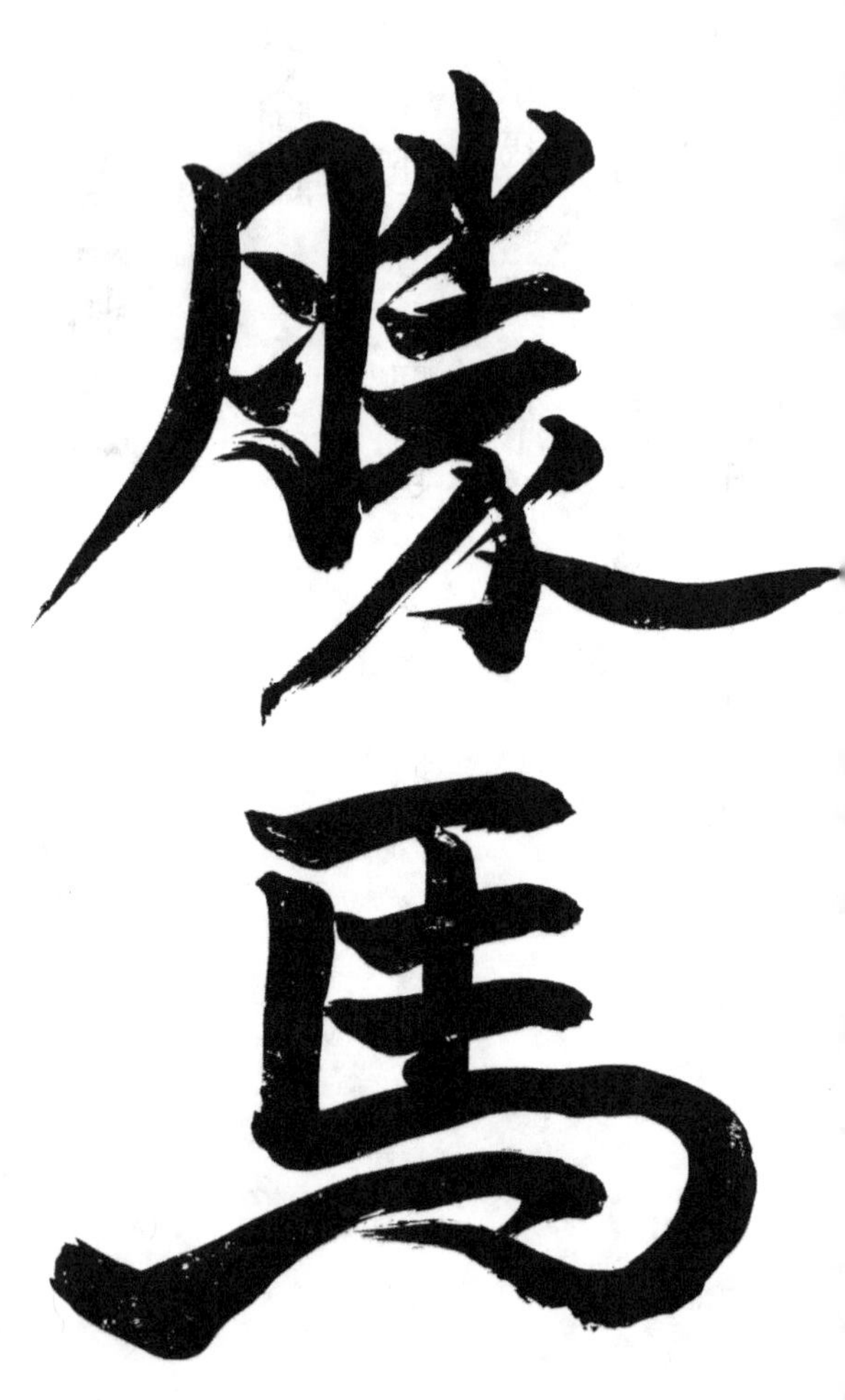

十七首【勝馬】

原文訓読

驟《ハセ》ルレ外《ソト》ニ康《コウ》ノ一驪《クロコマ》ガ超《コ》ヘレリレ遠《トホ》‐域《ヰキ》ヲ、

全《ス》ブ天《テン》馬《マ》ガ賞《ホ》メルノハ傍《ソ》フレ威《ヰ》‐元《ゲン》ニ、

騤《ス、》ム騤《ズス》ム共《トモ》ニレ鼓《ツヾミ》ノ熙《ヒカ》ル車《クルマ》ガ湧《ワ》ケリ、

特《トツ》‐俠《キヤン》シツレ衝《ショウ》ノ‐中《ナカ》ニ勝《スグ》レルレ大《ダイ》‐宛《エン》ヲ。

驟外康驪超遠域
全天馬賞傍威元
騤騤共鼓熙車滿
特俠衝中勝大宛

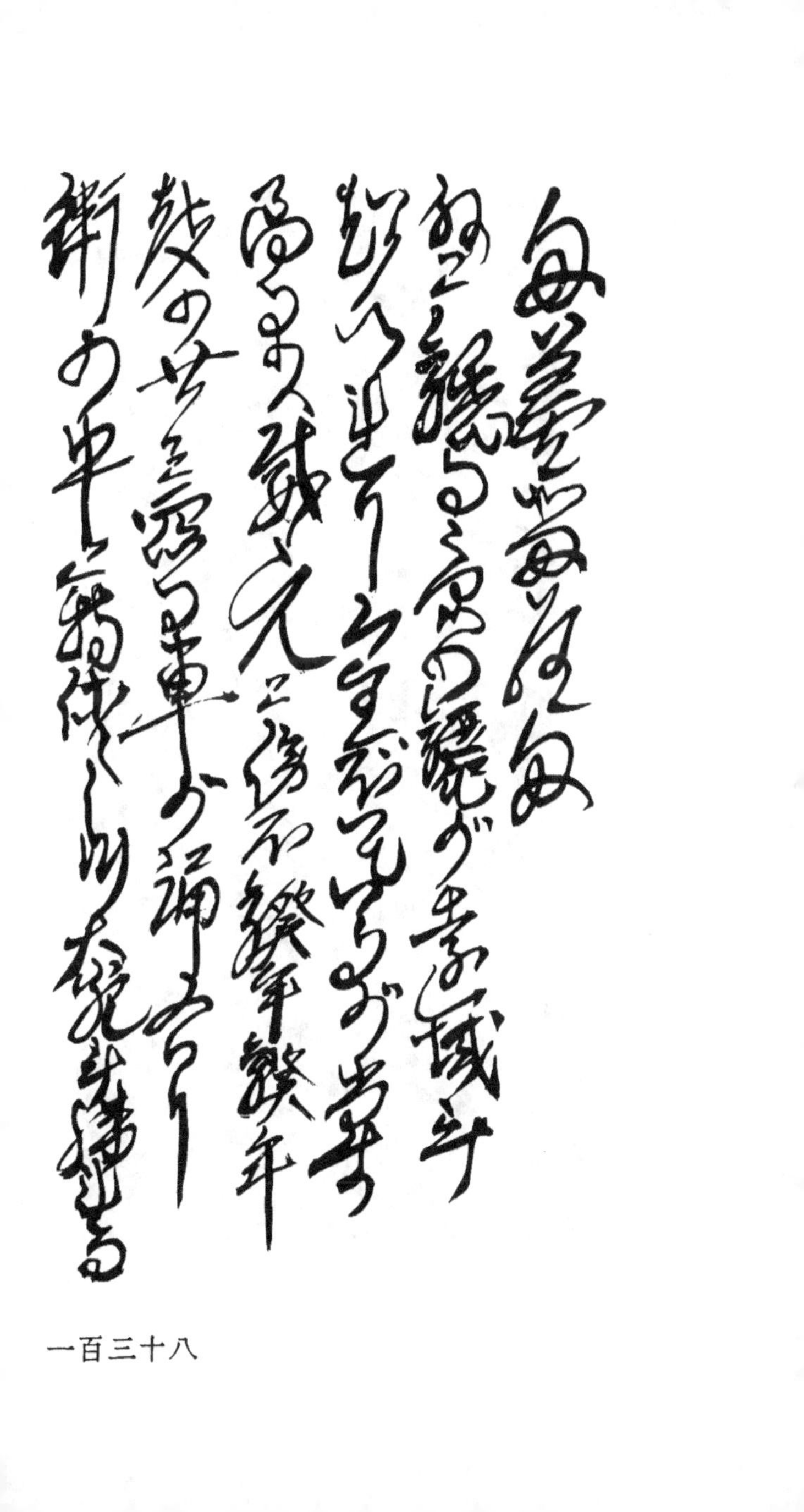

古文訳

勝《まさ》る馬《うま》

外《そと》に驟《はせ》る康《こう》の驪《くろこま》が遠域《とほゐき》を超《こ》へれり、
全《す》ぶ天馬《てんま》が賞《ほ》めるのは威元《ゐげん》に傍《そ》ふ、
騃《すゝ》む騃《ずす》む鼓《つゞみ》の共《とも》に、熙《ひか》る車《くるま》が湧《わ》けり、
衝《しよう》の中《なか》に特俠《とつきやん》しつ、大宛《だいゑん》を勝《すぐ》れる。

現代文訳

【勝ち誇る馬】

元気いっぱいの真っ黒な馬がが勢いよく駆け出し、遠い国境地帯をを越えていく。すべての天馬、そして馬の堂々たる起源と比べても、この馬は勝者である。轟く太鼓とともに、栄光の戦車は躍進する。フェルガナの伝説の馬さえも凌駕し、攻撃される中、極限まで勇敢に戦った。

広東語発音

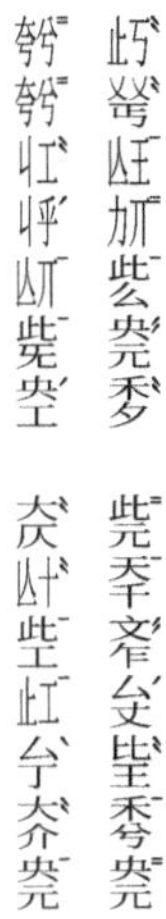

鑑賞の応答ページ

朗読された詩を聴き、QRコードで反省文を提出してください。

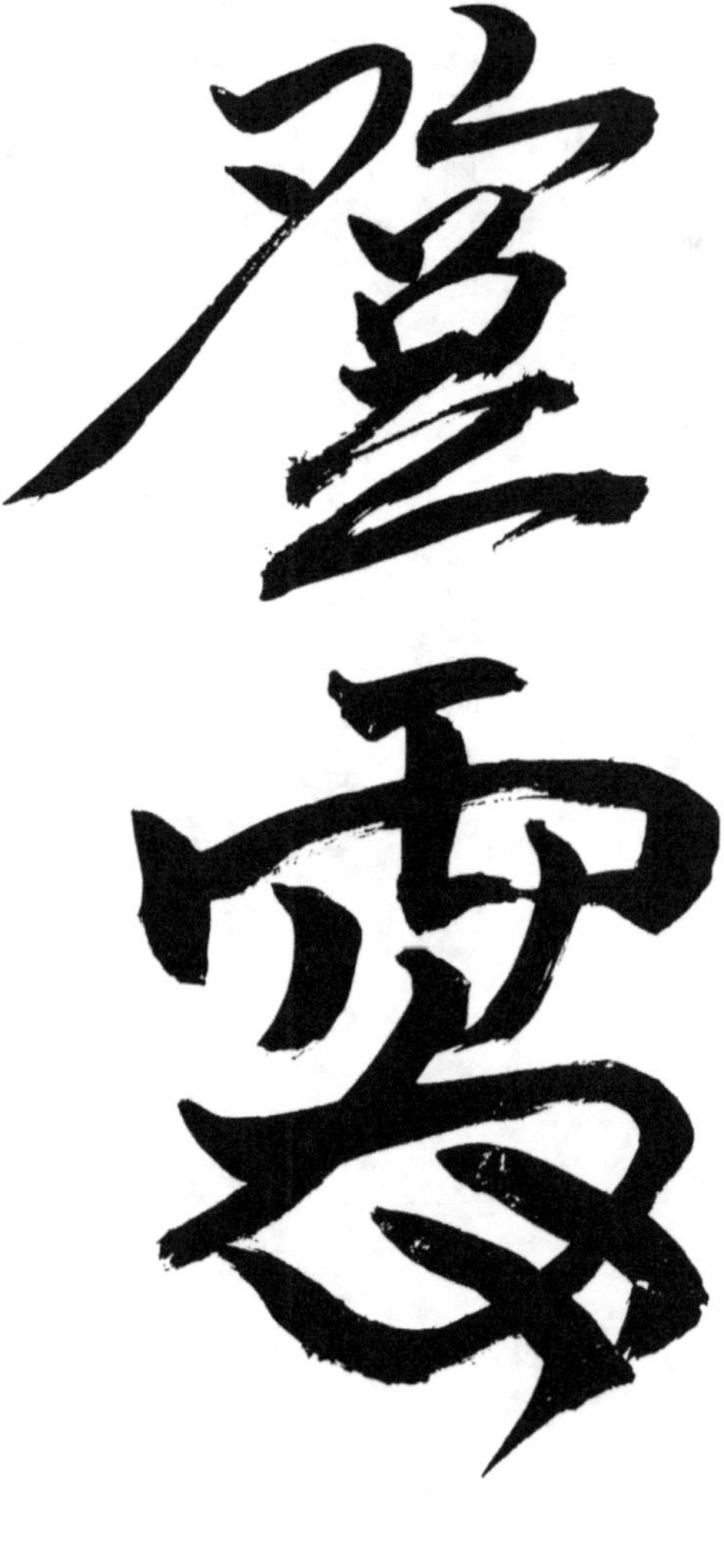

十八首【登霄】

原文訓読

登《ア》ガルノハレ霄《ソラ》ノ一上《ウヘ》ヲ震《フ》ルヒツ二光《ヒカリ》ノ天下《テンカ》ニモ一、

極《キヨク》ガレ目《モク》ノ不三名《ナ》ヅカズ二禱《マツ》ル灼昕《シヤクアサ》ヲ一、

灌《クワン》一灌〱ニテ二常平《シヤウヘイ》ハ一同《トモ》ニレ信《シン》ノ懇《ネモコ》ロナリ、

涓《ワズ》カナル泉《イヅミ》ハ濫《ラン》ノ焱《ホノホ》モ屬《ツヅ》ル三祈《イノ》ルノ二神《カミ》ニ一。

登霄上震光及下

極目不名檮灼昕

灑灌常平同信懇

湄泉爁焱屬祈神

霊験山岳の讃之記
雲の上年々雪ぞつもるの光ゝへ八千尺
以て聳ゆる地図の趣が霧に場所年
名山の千古常年に給こ宝す
ここの国に登拝客の満ち居る伊勢の
祭も神に祈るの所る

古文訳

登《あ》がるの霄《そら》

霄《そら》の上《うへ》を登《あ》がるのは、光《ひかり》の天下《てんか》にも震《ふ》るひつ、
目《もく》の極《きよく》が禱《まつ》る灼昕《しやくあさ》を名《な》づかず、
常平《しやうへい》は灌々《くわん〱》にて、信《しん》の同《とも》に懇《ねもこ》ろなり、
涓《わず》かなる泉《いづみ》は爁《らん》の焱《ほのほ》も、神《かみ》に祈《いの》るの屬る。

現代文訳

【エンピリアンへの昇天】

最高峰の天を超え、光の世界を圧倒する威厳を持つ存在へ。

視覚の限界は、祈祷の灼熱の夜明けを捉えることはできない。

永遠の平和が満ち溢れている。信心を持って懇願する。

湧き出る泉と燃え盛る炎が歌を呼び起こし、神へ祈りを捧げる。

広東語発音

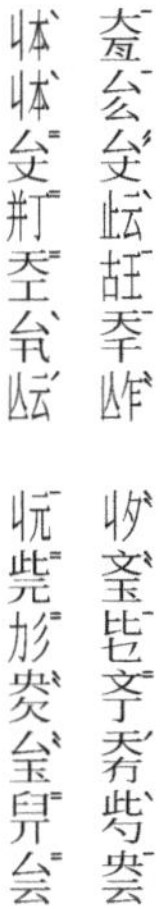

鑑賞の応答ページ

朗読された詩を聴き、QRコードで反省文を提出してください。

而軒

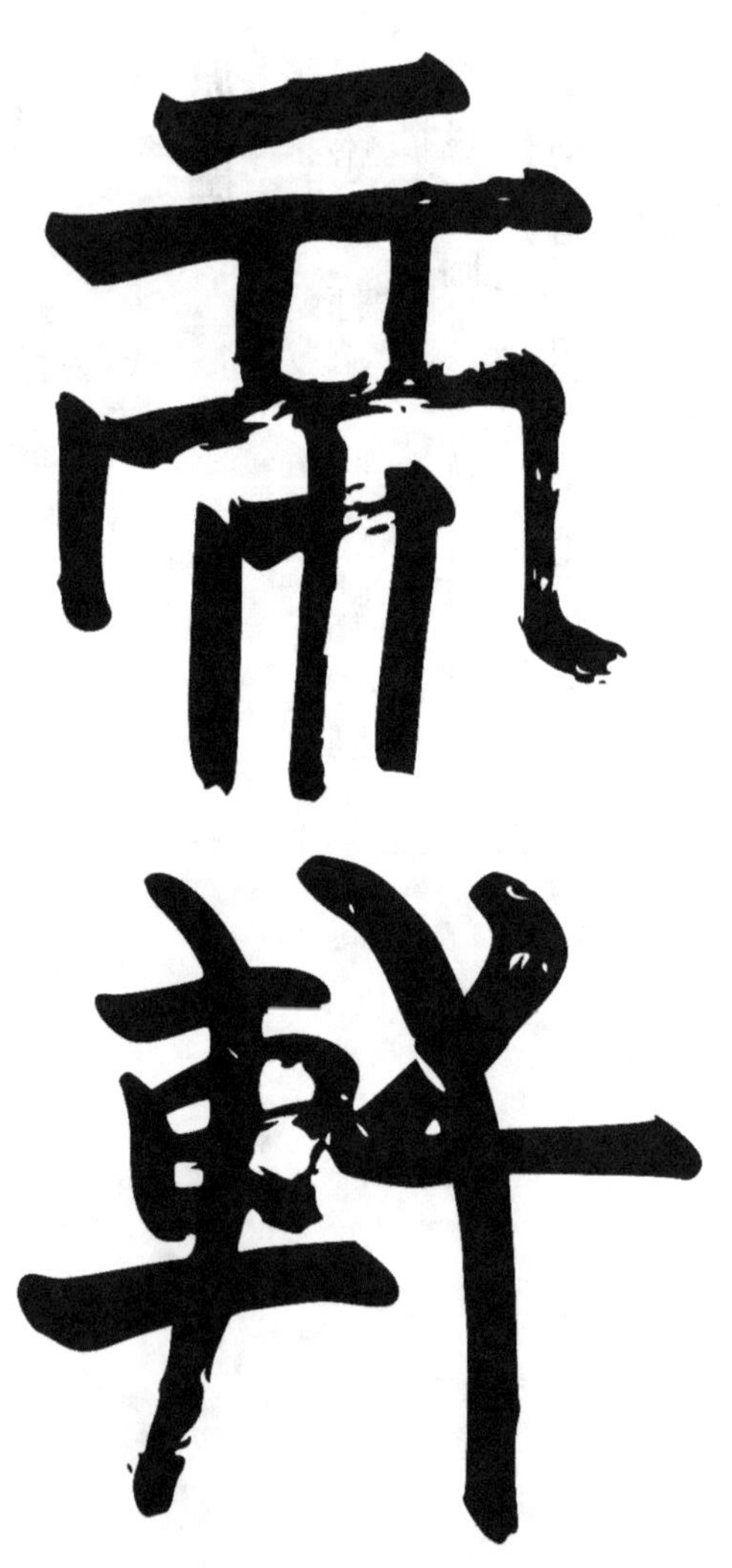

十九首【帝軒】

原文訓読

慢《オゴ》ル帝《テイ》ノ臨《ノゾ》ム軒《ノキ》ハ對《ム》キアフレ 嘯《ウソブキ》ー飄《ツムジ》ニ、

飛《ト》ブ幢《ハタ》ニテ晦《クワン》ナリキレ 迹《アト》ヲ赴《オモム》キタリレ 今《イマ》ノー宵《ヨヒ》ヲ、

恂恂《シユン〳〵》ノ自《ミヅカ》ラシタリレ 下《シタ》ニ生平《セイヘイ》ニ翳《カゲ》リ、

月《ツキ》ノ甲《カフ》ガ遮《サイギ》レバレ 身《ミ》ヲ出《イ》ヅレ 小《コ》ー苗《ナハ》ヲ。

慢帝臨軒對嘯飄
飛幢晦迹赴今宵
惆惆白下生平翳
周甲遮身出中苗

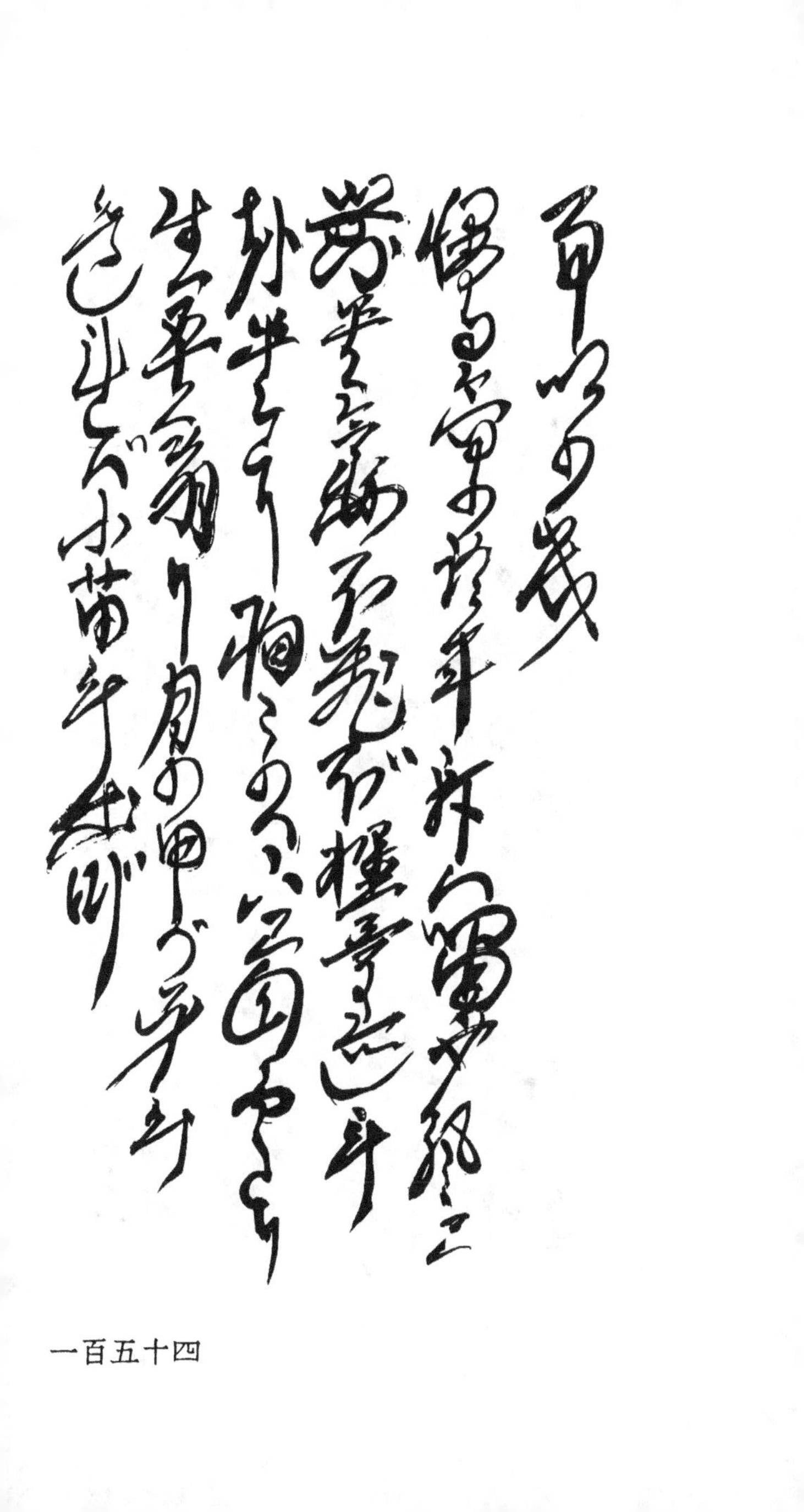

[illegible]以の儀

[illegible]

[illegible]

[illegible]

[illegible]

[illegible]

古文訳

帝軒《ていのき》

慢《おご》る帝《てい》の臨《のぞ》む軒《のき》は、嘯飄《うそぶきつむじ》に對《む》き合《あ》ふ、
飛《と》ぶ幢《はた》にて迹《あと》を晦《くわん》なりき、今《いま》の宵《よひ》を赴《おもむ》きたり、
恂々《しゆんぐ》のは下《した》に自《みづか》らしたり、生平《せいへい》に翳《かげ》り、
月《つき》の甲《かふ》が身《み》を遮《さいぎ》れば、小苗《こなは》を出《い》づ。

現代文訳

【皇帝の縁側】

尊大な皇帝のベランダは、吹き荒れる強風に直面している。空飛ぶ旗が亡命者としての私の足跡を覆い隠す、私は現在の夜に覆われた淡色の中に身を投じる。控えめて謙虚なのはつつましい自分だ。生まれた時から隠れていた。月光の鱗が私の体を裂くと、その裂け目から小さな芽が元気よく出てくる。

広東語発音

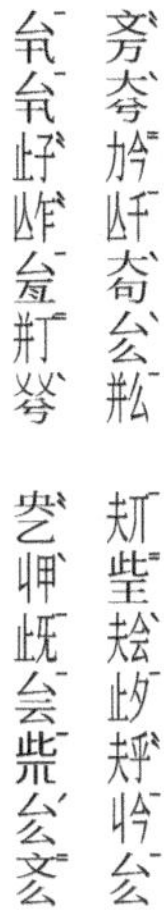

鑑賞の応答ページ

朗読された詩を聴き、QRコードで反省文を提出してください。

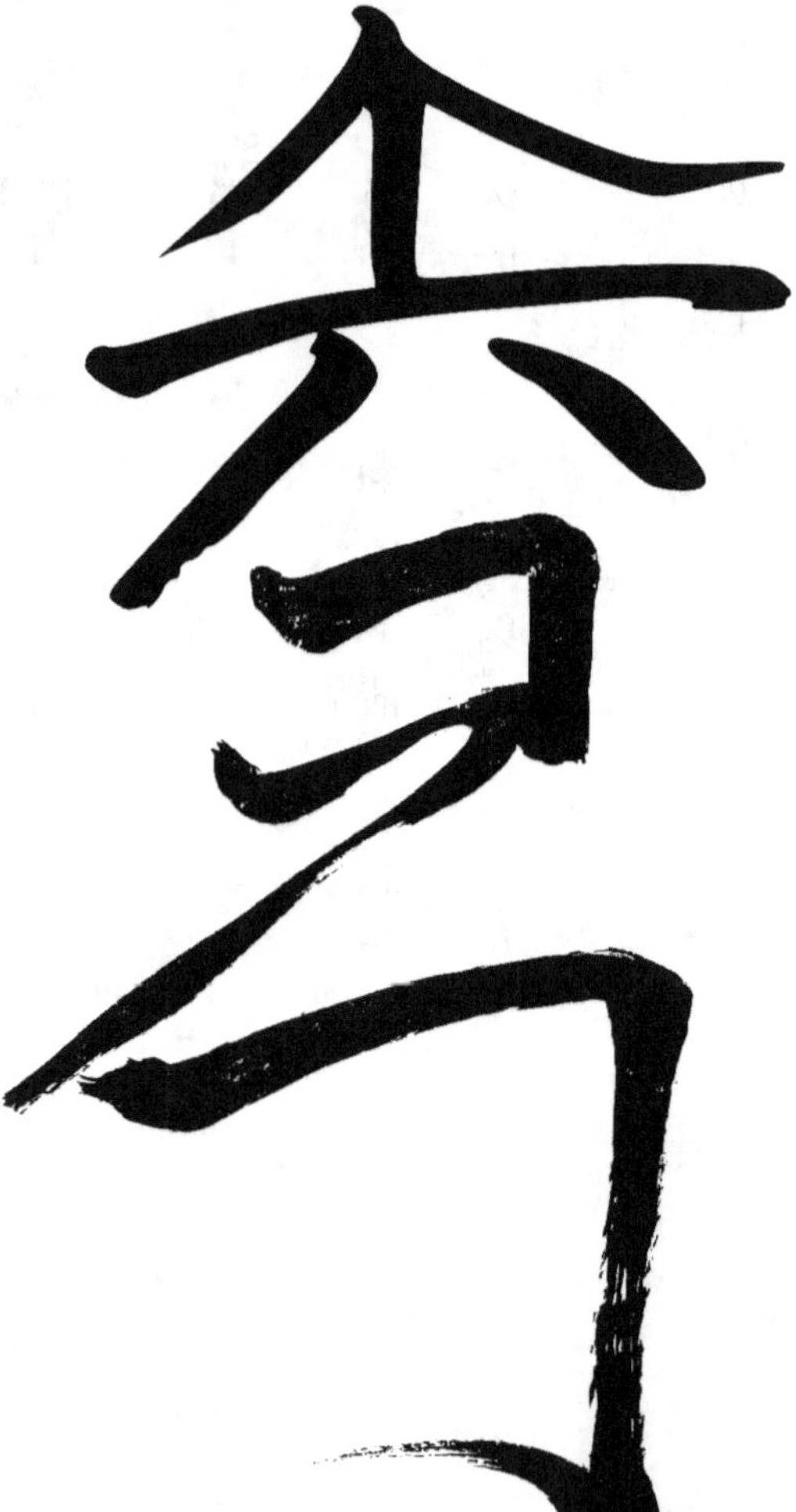

廿首【矢弓】

原文訓読

彎《ヒ》カムレ弓《ユミ》ヲ閉《ト》ヂレバレ瀬《セ》ヲ成《ナ》ルレ清《キヨ》キ一志《ココロザシ》ヲ、

指《サ》シツレ矢《ヤ》ニ安《ヤス》ラカナラバレ心《ココロ》ヲ射《イ》ルレ白《シラ》ム一正《シヤウ》ニ、

慥慥《タシカヾ》ニ修《ヲサ》メバレ平《ヘイ》ヲ憂《ウレ》ヒヤ慮《オモンパカ》リガ走《ハシ》リツ、

眞《マコト》ニ下如《ゴト》シ三后《コウ》一羿《ゲイ》ノ二醉《エ》ヘリ中辰《シン》ノ形《カタチ》ニ上一。

彎弓開瀨戲淸志
指矢安也射白正
慥慥修平憂處走
真如后羿醉辰形

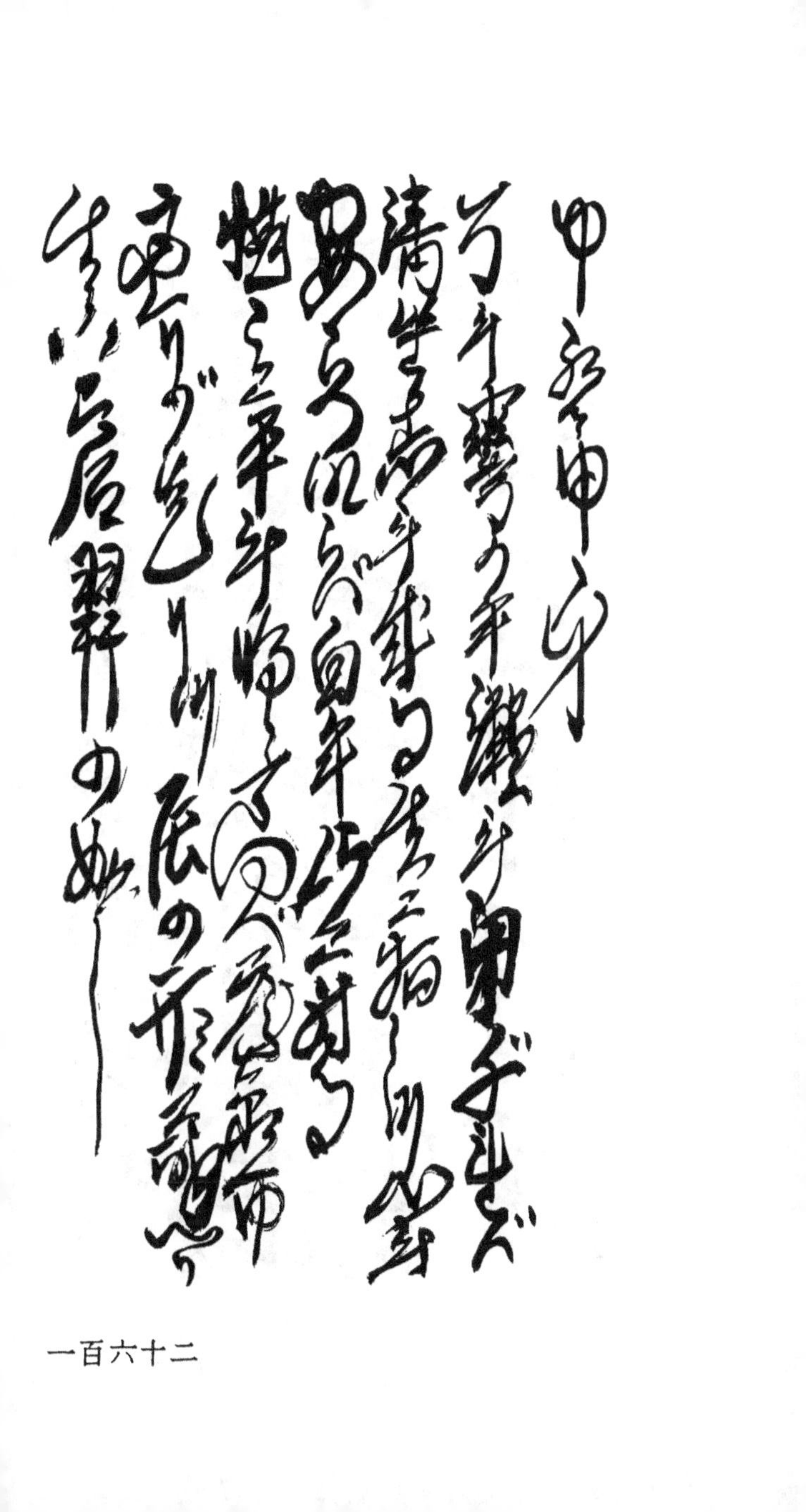

[illegible]

古文訳

矢《や》と弓《ゆみ》

弓《ゆみ》を彎《ひ》かむ、瀬《せ》を閉《と》ぢれば、淸《きよ》き志《こころざし》を成《な》る、
矢《や》に指《さ》しつ、心《こころ》を安《やす》らかならば、白《しら》む正《しやう》に射《い》る、
慥々《たしかぐ》に平《へい》を修《さ》めば、憂《うれ》ひや慮《おもんぱか》りが走《はし》りつ、
辰《しん》の形《かたち》に醉《ゑ》へり、眞《まこと》に后羿《こうげい》の如《ごと》し。

現代文訳

【弓矢】

弓を曲げ、急流を塞ぐ。明確な志を遂げる。

頭を矢に傾けて心を鎮め、白い的に向かって矢を放つ、

実直で誠実な静寂が培われ、悩みや不安が消え去る、

暗闇に輝く天体に酔いしれながら、下界に取り残された孤独な射手のように。

広東語発音

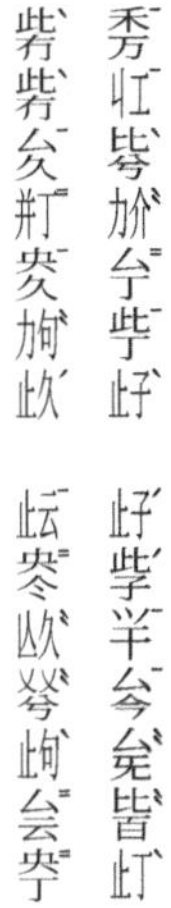

鑑賞の応答ページ

朗読された詩を聴き、
QRコードで反省文を
提出してください。

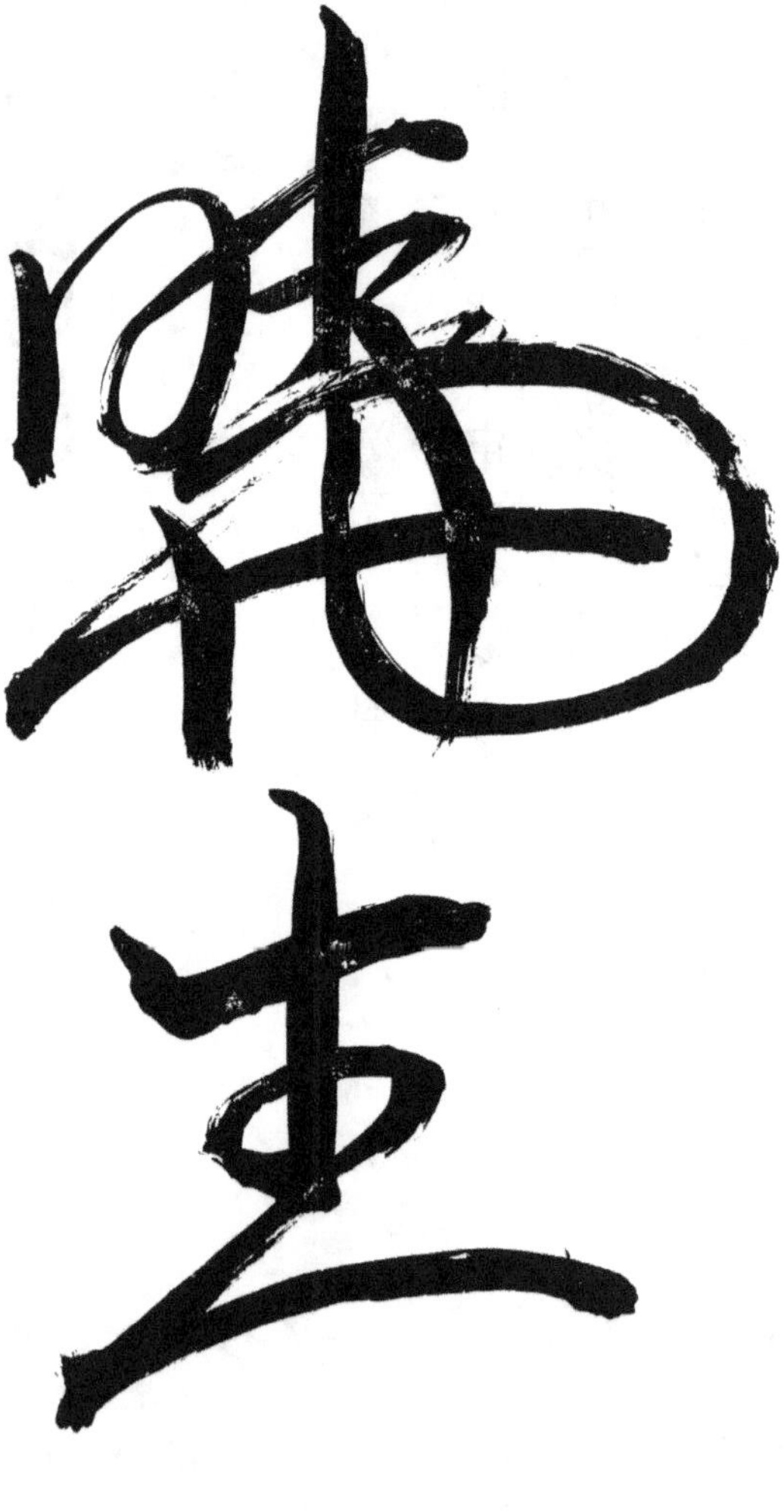

廿一首【曉生】

原文訓読

曉《アカツキ》ハ谷《タニ》ニ凌《シノ》ゲリレ　空《ソラ》ヲ縁《ブチ》ナレリニ　舊國《キウゴク》一、

聲《コヱ》ガ闕《カカ》ハレリレ　紫《ムラサキ》-宙《チウ》ヲ決《キ》マレリレ　高《コウ》-山《ザン》ニ、

洸洸《コウく》ナル士庶《シシヨ》ハ勔《アワ》テリ勷《ネウ》シ探《サガ》セリ、

美麗《ビレイ》ナル浮《ウ》キ生《シヤウ》ニテ可《ベ》シ三　放《ハナ》ツニ　濟《サン》ヲ一。

曉谷凌空綠藹國
聲聞寰宙決高山
光光士庶勇勤探
美麗浮生可放潛

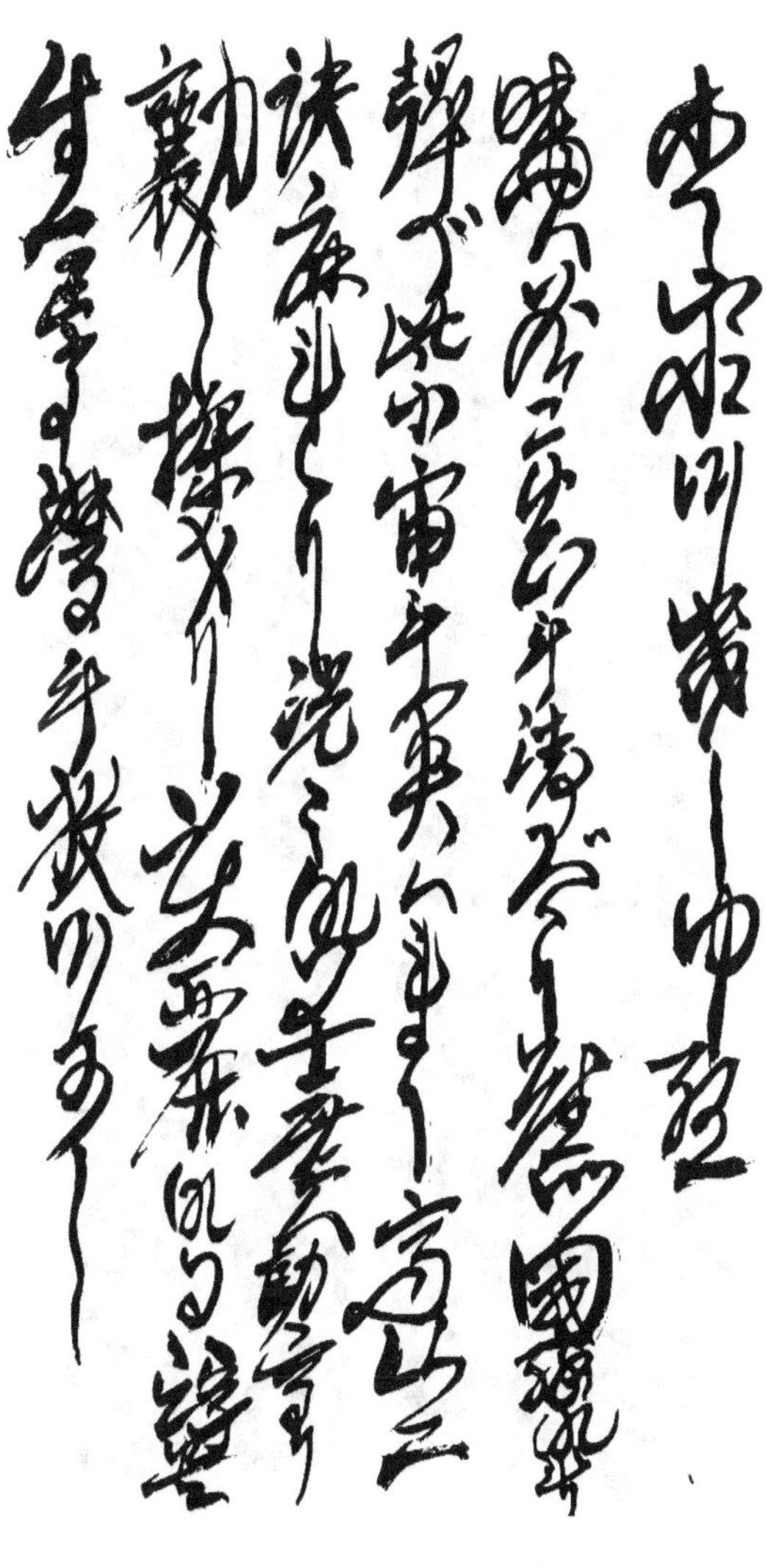

古文訳

暁生《あかつきしやう》

暁《あかつき》は谷《たに》に空《そら》を凌《しの》げり、舊國縁《きうごくぶち》なれり、
聲《こゑ》が紫宙《むらさきちう》を關《かか》はれり、高山《こうざん》に決《き》まれり、
洸々《こうく》なる士庶《ししよ》は、勏《あわ》てり勷《ねう》し探《さが》せり、
美麗《びれい》なる浮《う》き生《しやう》にて、濳《さん》を放《はな》つ可《べ》し。

現代文訳

【夜明けの始まり】

太陽が空高く舞い上がり、慣れ親しんだ国の端をよじ登る。
紫色の大空を折り畳む音は高い山肌から離れていく。
勇敢で大胆なあらゆる人々が、感情を高ぶらせながら、探し求める。
美しく魅惑的な儚い世で、涙を流すことは許される。

広東語発音

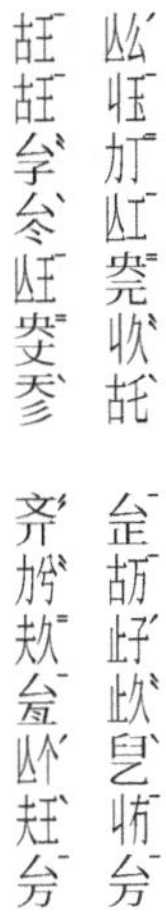

鑑賞の応答ページ

朗読された詩を聴き、
QRコードで反省文を
提出してください。

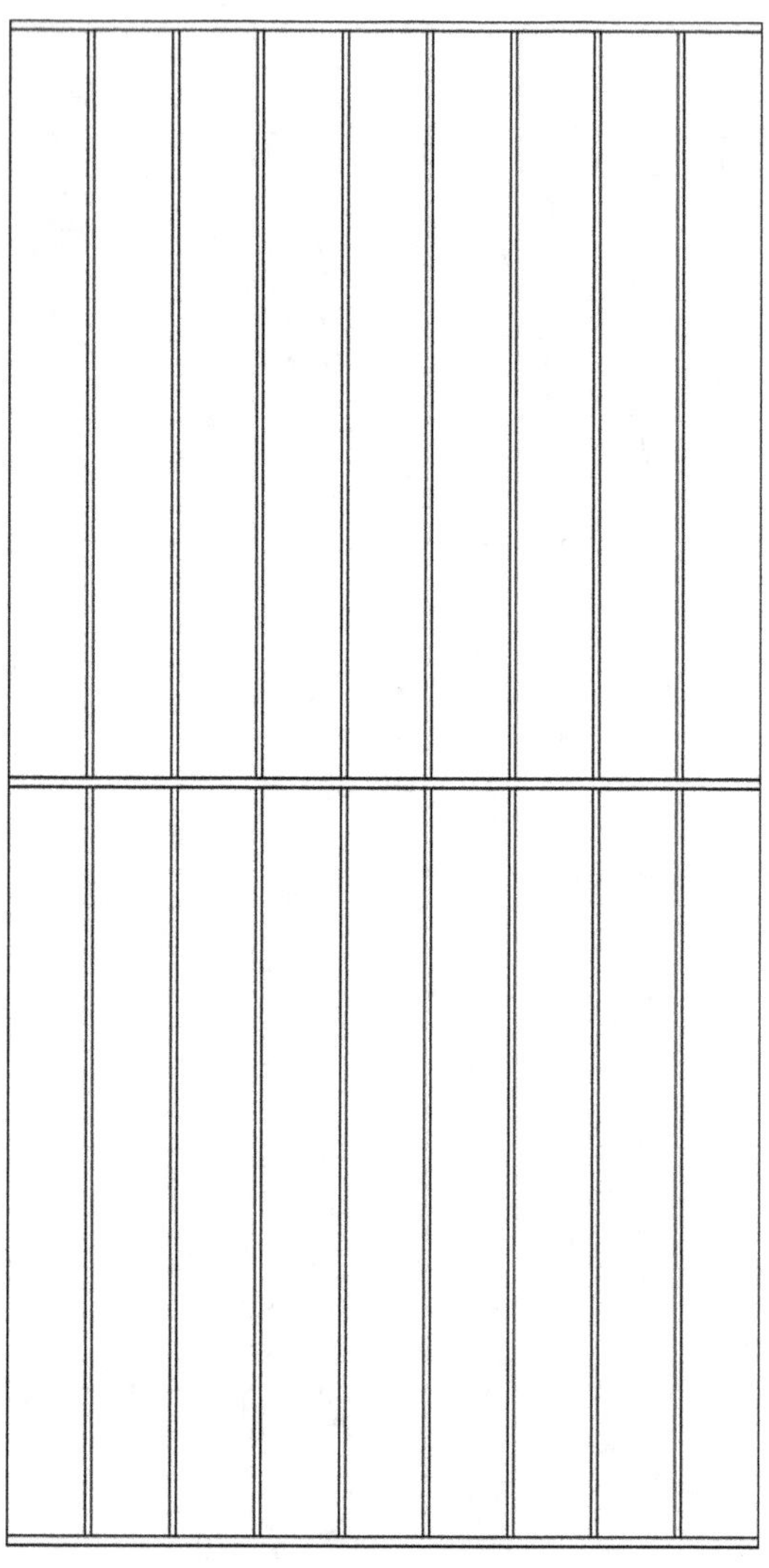

【後書き】

見慣れた景色や田舎町もない中、井戸の底に取り残されたような閉塞感のある年に、この21篇の詩を書きました。孤独や孤立のテーマは、明るい夏の季節でも、私たちには身近な感覚として確かに存在します。しかし、これらの詩には、希望や、悲しみにあらがうテーマも含まれており、私が抱えたうつ病の中で経験した感情を微かにでも伝えてくれます。内面の思考をプリズムとして映し出す割れた鏡のように、読者の皆さんにも、状況がいかに厳しいものであっても、希望を映し出すことができるよう祈っています。

【漢韻付録】

GitHub：

ブログ：

連絡先：

この本で使用されている広東語発音ガイドシステムは「粵切字」（ユッチッジ）と呼ばれ、粵字改革学会の文書『粵字改革』から採用しています。各漢字の発音は、音節頭子音の声母、音節末の韻母、トーンの**3**つの要素で構成されています。このシステムの文字構成の詳細を示す以下の表には、初声子音と韻母、粵拼（ユッピン・香港語言学学会粵語拼音方案）、**IPA**（国際音声記号）、カタカナの発音ガイドが掲載されています。トーンのピッチ輪郭と対応する記号も簡単に説明されています。このシステムに関する詳細は、プロジェクトの**GitHub**およびウェブサイトをご参照ください。

声母の字表

比曰 b /p-/ 手本 ⿱比乍 バー	弁曰 p /p^h-/ 手本 ⿰弁乍 パー	文曰 m /m-/ 手本 ⿱文乍 マー	夫曰 f /f-/ 手本 ⿰夫乍 ファー
大曰 d /t-/ 手本 ⿱大乍 ダー	天曰 t /t^h-/ 手本 ⿱天乍 ター	乃曰 n /n-/ 手本 ⿰乃乍 ナー	力曰 l /l-/ 手本 ⿰力乍 ラー
止曰 z /ts-/ 手本 ⿰止乍 ザー	此曰 c /ts^h-/ 手本 ⿱此乍 ツァー	厶曰 s /s-/ 手本 ⿱厶乍 サー	央曰 j /j-/ 手本 ⿱央乍 ヤー
丩曰 g /k-/ 手本 ⿰丩乍 ガー	臼曰 k /k^h-/ 手本 ⿱臼乍 カー	亾曰 h /h-/ 手本 ⿰亾乍 ハー	爻曰 ng /ŋ-/ 手本 ⿱爻乍 ンガー
古曰 gw /k^w-/ 手本 ⿰古乍 グヮー	夸曰 kw /k^{wh}-/ 手本 ⿰夸乍 クヮー	禾曰 w /w-/ 手本 ⿱禾乍 ワー	
㐅 m /m/ ム	㐅 ng /ŋ/ ング	⺍曰 ∅- /∅-/ 手本 ⿱⺍乍 アー	

韻母の字表

	-ø 追加なし	-i 追加のイ	-u 追加のウ	-m 終のム	-n 終のン	-ng 終のング	-p プの促音	-t ツの促音	-k クの促音
aa アー	乍 aa /a:/ アー	介 aai /a:i̯/ アーイ	丂 aau /a:u̯/ アーウ	彡 aam /a:m/ アーム	万 aan /a:n/ アーン	生 aang /a:ŋ/ アーング	甲 aap /a:p̚/ アーップ	压 aat /a:t̚/ アーッツ	百 aak /a:k̚/ アーック
a ア		兮 ai /ɐi̯/ アイ	久 au /ɐu̯/ アウ	今 am /ɐm/ アム	云 an /ɐn/ アン	亙 ang /ɐŋ/ アング	十 ap /ɐp̚/ アップ	乜 at /ɐt̚/ アッツ	仄 ak /ɐk̚/ アック
e エ	死 e /ɛ:/ エ	六 ei /ei̯/ エイ	了 eu /ɛ:u̯/ エウ	王 em /ɛ:m/ エム	円 en /ɛ:n/ エン	正 en /ɛ:ŋ/ エング	夾 ep /ɛ:p̚/ エップ	叐 et /ɛ:t̚/ エッツ	尺 ek /ɛ:k̚/ エッキ
i イ	子 i /i:/ イ		么 iu /i:u̯/ イウ	欠 im /i:m/ イム	千 in /i:n/ イン	丁 ing /ɪŋ/ イング	頁 ip /i:p̚/ イップ	必 it /i:t̚/ イッツ	夕 ik /ɪk̚/ イック

o オ	个 o /ɔ:/ オ	丐 oi /ɔ:y̆/ オイ	冇 oi /o:ṷ/ オウ		干 on /ɔ:n/ オン	王 ong /ɔ:ŋ/ オング		匃 ot /ɔ:t̚/ オッツ	乇 ok /ɔ:k̚/ オック
u ウ	乎 u /u:/ ウ	会 ui /u:y̆/ ウイ			本 un /u:n/ ウン	工 ung /ʊŋ/ ウング		末 ut /u:t̚/ ウッツ	玉 uk /ʊk̚/ ウック
oe ワ	居 oe /œ:/ ワ					丈 oeng /œ:ŋ/ ワング			勺 oek /œ:k̚/ ワック
eo ヱ(ウェ)		句 eoi /ɵy̆/ ヱイ			卂 eoi /ɵn/ ヱン			丌 eot /ɵt̚/ ヱッツ	
yu ヰ(ウィ)	仒 yu /y:/ ヰ				元 yun /y:n/ ヰン			乙 yut /y:t̚/ ヰッツ	

※促音型韻母の最後の仮名は、複合語の場合に後続する子音の前で削除されます：ユッチッジ（粵切字）においてはそうであり、単語の末尾では小さい「ッ」は削除されます。漢音の音読みの中には、多くの場合、広東語の音読みに似ています。

声調の字表

音高は、広東語のオペラ表記「工尺譜《こうせきふ》(ゴンチェ表記)」と、それに相当する日本語表記、ソルフェジオ「上・ル・**do**・尺・人・**re**・工・フ・**mi**・反・り・**fa**・六・久・**sol**」で表記しています。後で簡単に参照できるように、音程に応じた音色の表を添えています。中国語の声調の伝統的な分類は、漢詩の押韻構成を決める上で重要です。これらの分類に対応する広東語は、次の表のとおりです。

平《ひょう》 上《じょう》 去《きょ》 入《にゅう》	平声《ひょうしょう》		仄声《そくせい》						
	陰平	陽平	陰上	陽上	陰去	陽去	上陰入	下陰入	陽入
声調の号	1	4	2	5	3	6	1	3	6
字の音例	詩	時	史	市	試	是	識	錫	食
粵切字	ㄙ子ˉ	ㄙ子˝	ㄙ子ˊ	ㄙ子ˊˊ	ㄙ子ˋ	ㄙ子ˋˋ	ㄙ夕ˉ	ㄙ貝ˋ	ㄙ夕ˋˋ
IPA	/siː˥/	/siː˨˩/	/siː˧˥/	/siː˩˧/	/siː˧/	/siː˨/	/sɪk̚˥/	/sɛːk̚˧/	/sɪk̚˨/
漢音	し	し	し	し	し	し	しょく	せき	しょく

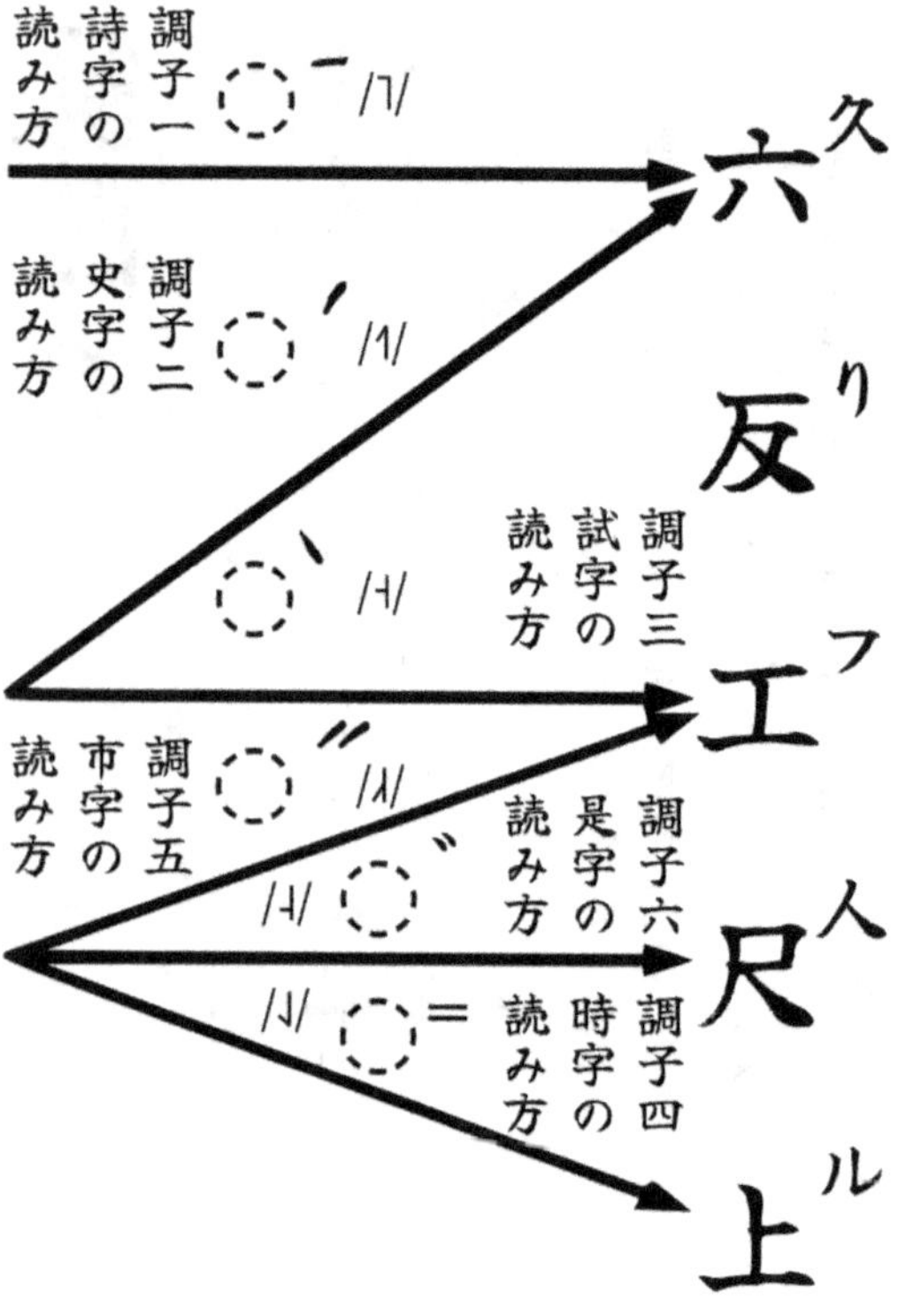
調子一 詩字の読み方
調子二 史字の読み方
調子三 試字の読み方
調子五 市字の読み方
調子六 是字の読み方
調子四 時字の読み方
六 久
反 り
工 フ
尺 人
上 ル

【謝辞】

『康熙字典』や『大辞林』、そして『学生古典中世中国語辞典』の編纂者にお世話になりました。また、中国語のテキストの提案と校正をしてくれた父、母、叔父に感謝します。

I am indebted to the compilers of the *Kangxi Dictionary* and *Daijirin*, as well as *A Students' Dictionary of Classical and Medieval Chinese*. I also thank my mom, dad, and uncle for their suggestions and proofreading of the Chinese text.

❖

【作者の詳細】

小松原浩治は、研鑽を積んだ言語学者（UCLA）、歴史家、詩人、そして美術家である。ロサンゼルス出身で香港のルーツを持つ。東洋と西洋の感情や経験を多言語アートで表現した、『情量鏡』は彼にとって初めての詩集。

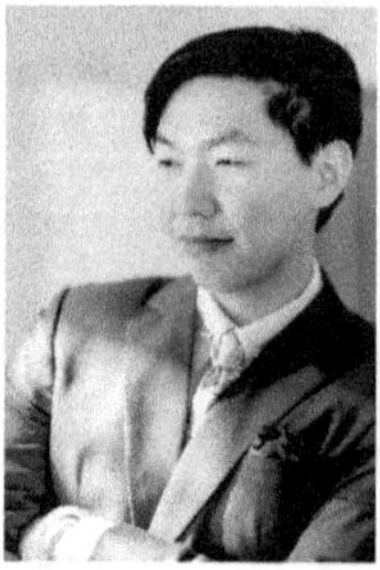

Trained linguist (UCLA), historian, poet, and fine artist, Cyrus Lai (Kouji Komatsubara) is a Los Angeles native with roots in Hong Kong. Bridging his emotions and experiences from East and West through multilingual art, *Mirror Heart* is his first poetry compilation.

ウェブサイト
www.hewlam.studio

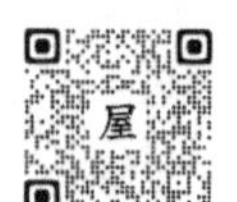

【著者別作品一覧】

【誠の詩集】の次の刊行：『如月皎』キサラギノキヨイ

ファクシミリの複製：『訓民正音解例』、『花箋記』など文化的に重要な作品を文庫や伝統的なステッチで綴った作品。

この本を楽しんだら、レビューを残してください！

他の作品：

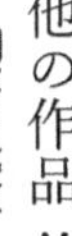

【奥付】

この本は、**JIS B40** 新書判の **74 gsm(50#)** 白色の非塗工紙に、次のような書体で印刷されています:「**I.**明體」、「**I.**明體異體」、「教育部標準宋體」、「粵切字襯線體」、「游明朝体」、「佑字【肅】」、「**New Tegomin**」、「**Gabriola**」、「**Cloister**」

❖

This book was printed on 74 gsm (50#) Japanese Industrial Standard B40 Shinso white uncoated text paper using the following typefaces: I.Ming , I.MingVar , TW-Sung , Jyutcitzi-Serif , Yu Mincho , Yuji Syuku , New Tegomin , Gabriola , Cloister

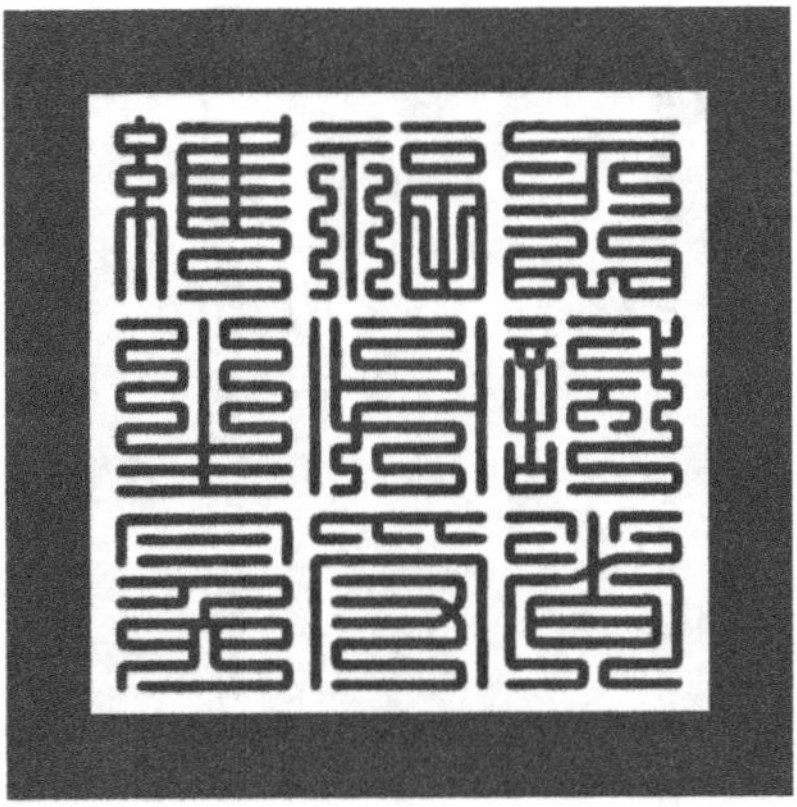